MATTOTTI / ZENTNER
CABOTO

Impressum:

Mattotti/Zentner, Caboto
Edition Kunst der Comics GmbH
Köppelsdorfer Straße 197 a
D-96515 Sonneberg

Historischer Überblick
CABOTTO – der Piloto Mayor:
Julio M. de la Rosa

Übersetzung: Anne Berling, Anja Gersdorf
Lettering: Michael Hau

©1995 Edition Kunst der Comics
©1992 AGESA (Sociedad Estatal de Gestión de Activos),
Pedro Taberno (CD), Jorge Zentner, Lorenzo Mattotti

Dieses Buch erscheint in einer Auflage von 3.000 numerierten Exemplaren.
Den Büchern mit den Nummern 1 bis 450
liegt eine von Mattotti signierte und numerierte Grafik bei.

Dieses Exemplar trägt die Nummer:

480

ISBN 3-89593-493-3 (Normalausgabe)
ISBN 3-89593-491-7 (Vorzugsausgabe)

Gedruckt bei Proost, Belgien

WIE VERLEIHT MAN EINER PERSON, DIE SICH HINTER EINER VERSCHWOMMENEN BIOGRAPHIE VERBIRGT, GESICHT UND AUSDRUCK? DIE FOLGENDEN ERZÄHLUNGEN, ZU GLEICHEN TEILEN AUS VERGESSENEM UND PHANTASIE GEBOREN, ERFINDEN UND LÖSCHEN DATEN. DER LAUF DER JAHRHUNDERTE SCHREIBT, VERSCHLEIERT, ERFINDET...

...ZAHLLOSE VERSIONEN.

GAVOTTO? CABOT? CABOTO? PILOTO MAYOR DES KÖNIGS. KAUFMANN. ASTRONOM. CABOTO... KARTOGRAPH, EINE PERSON, DIE NIE VIEL AUFSEHEN ERREGTE. DER ZWEIFEL NÄHRT JEDES KAPITEL DIESER ENDLOSEN ERZÄHLUNG, DIE MAN GESCHICHTE NENNT. WAS KANN MAN MIT GEWISSHEIT ÜBER EIN INDIVIDUUM SAGEN, DAS SEIN GANZES LEBEN DAMIT VERBRACHTE, DIE DAMALS UNBEKANNTEN LÄNDER ZU DURCHQUEREN UND AUFZUZEICHNEN?

WIR WISSEN NUR, DASS ER IN VENEDIG GEBOREN WURDE.

WIE DER SAND, DEN DIE WELLEN BRINGEN, WEGTRAGEN, IN IHREN UNAUFHÖRLICHEN BEWEGUNGEN AUFLÖSEN...
SO WURDE DAS, WAS DIESER MANN ERLEBT HAT, HERBEIGETRAGEN, WEGGETRAGEN, VERFEINERT VON DEM UNRUHIGEN MEER DER ERINNERUNG.

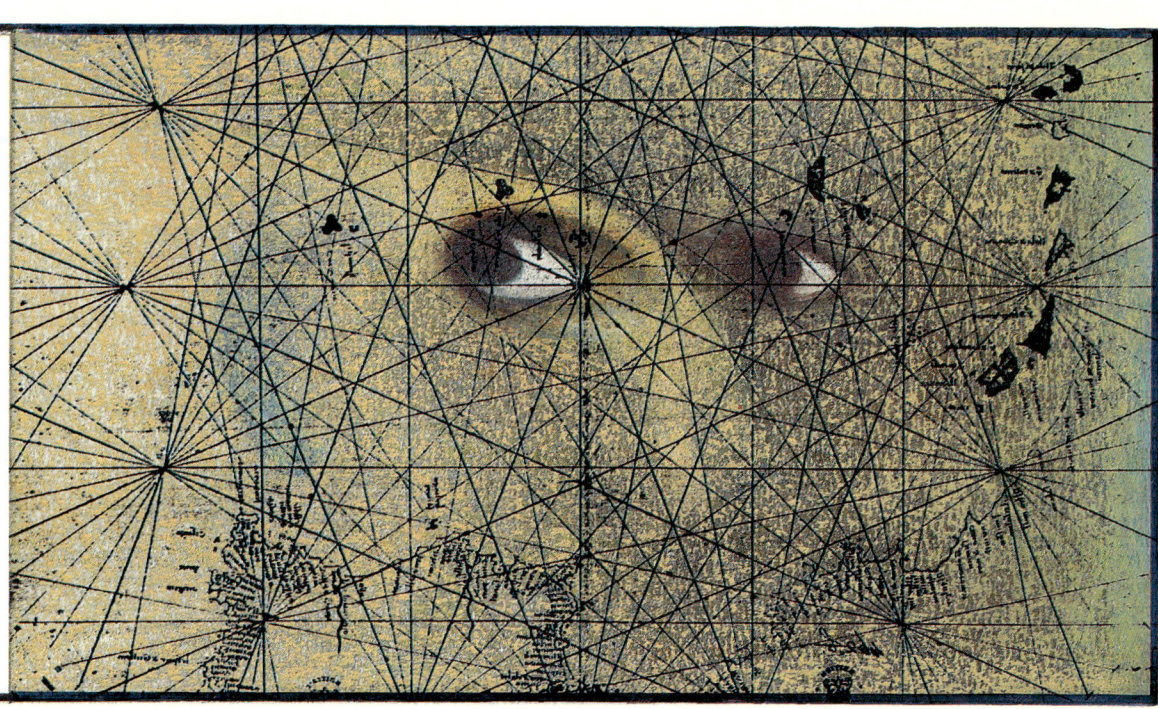

KLAR SIND DIE NÄCHTE IN SEVILLA. DER KARTOGRAPH DAGEGEN IM TRÜBEN. WIE VERLEIHT MAN EINER WELT, DIE SICH HINTER EINER VERSCHWOMMENEN GEOGRAPHIE VERBIRGT, KONTUREN UND ENTFERNUNGEN?

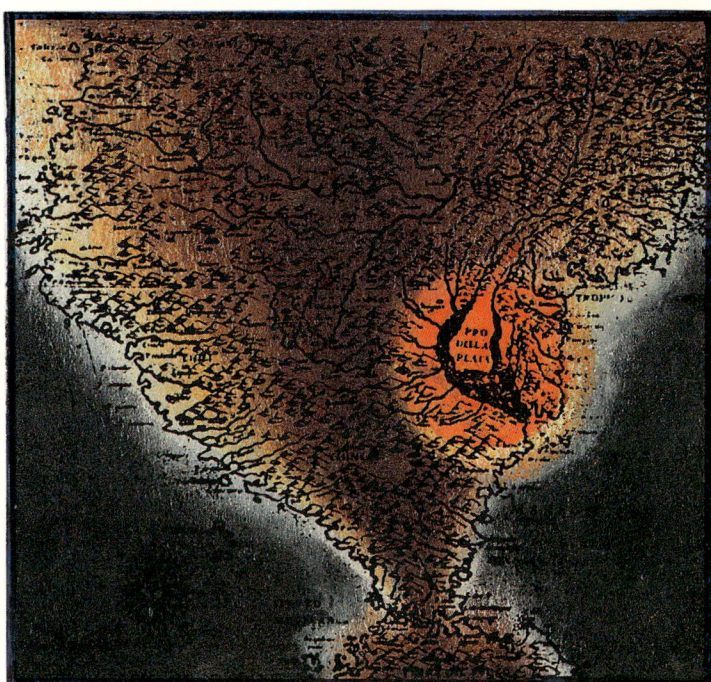

REISEN, PLÄNE, LEIDENSCHAFTEN, WIDERSPRÜCHLICHE TREUE. GENAU UND DOCH NICHT FEHLERLOS VERSTAND CABOTO ES, DIE FORMEN DER ERDE DARZUSTELLEN. DOCH NIE WERDEN WIR ERFAHREN, WAS DEN PILOTO MAYOR ZU SEINEM WIRKEN ANGETRIEBEN HAT.

ABER ERZÄHLEN BEDEUTET NICHT, EINE UNWIDERLEGBARE WAHRHEIT ZU VERMITTELN. ERZÄHLEN BEDEUTET IMMER EINE VERSION ZU WÄHLEN. DIE ERZÄHLUNG WÄHLT EINE REISE VON ALLEN REISEN. UND EIN GESICHT VON ALLEN GESICHTERN.

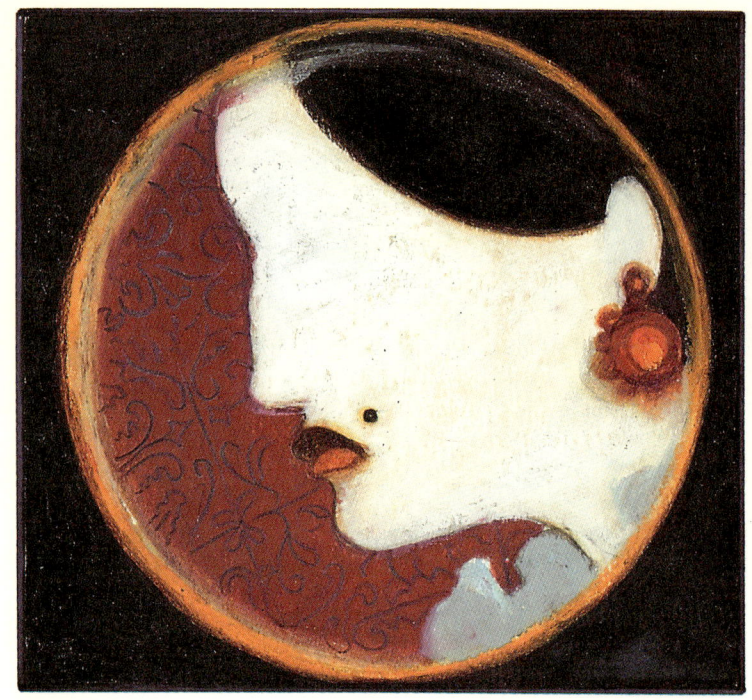

»ZU GERN WÜRDE ICH ERFAHREN, WAS SIE HIERHER GEFÜHRT HAT. DIE LIEBE...? DER EHRGEIZ...? HAT MAN IHNEN EINE WAHL GELASSEN?«

»UND SIE, WAS DENKEN SIE, PADRE?«

»ICH... DIE WAHRHEIT... ICH WEISS GENAUSO VIEL WIE IHR. ICH SAGE NUR, DASS MIR DER PILOTO MAYOR NICHT GEFÄLLT. ER HAT LANGE IN ENGLAND GELEBT. ICH TRAUE IHM NICHT.«

EREIGNETEN SICH DIESE DINGE WIRKLICH SO? MIT SICHERHEIT WISSEN WIR NUR, DASS SEBASTIAN CABOTO NIEMALS BEI DEN MOLUKKEN ANKAM, SONDERN DASS ER STATTDESSEN DEN RIO DE SOLÍS ERKUNDETE. DAS HEISST: DEN RIO DE LA PLATA. IM LAUF DER ZEIT ÄNDERN SICH AUCH DIE NAMEN.

CABOTO WAR EIN EXPERTE IM LESEN VON HIMMELSKARTEN. WENN MAN DEN ÜBERLIEFERUNGEN GLAUBEN DARF, KONNTE ER AUCH IN DEN SEELEN DER MENSCHEN LESEN. DESERTEURE UND SCHIFFBRÜCHIGE FRÜHERER EXPEDITIONEN, DIE REICH AN ERFAHRUNG UND VOLLER TRÄUME VOM MYTHOS ELDORADO SIND, SCHLIESSEN SICH SEINEN UNTERNEHMUNGEN AN.

...ZWEIFELLOS BESITZEN SIE GOLD UND SILBER IM ÜBERFLUSS. ICH ERINNERE MICH...

ERZÄHLEN: AUFGABE DER ÜBERLEBENDEN.

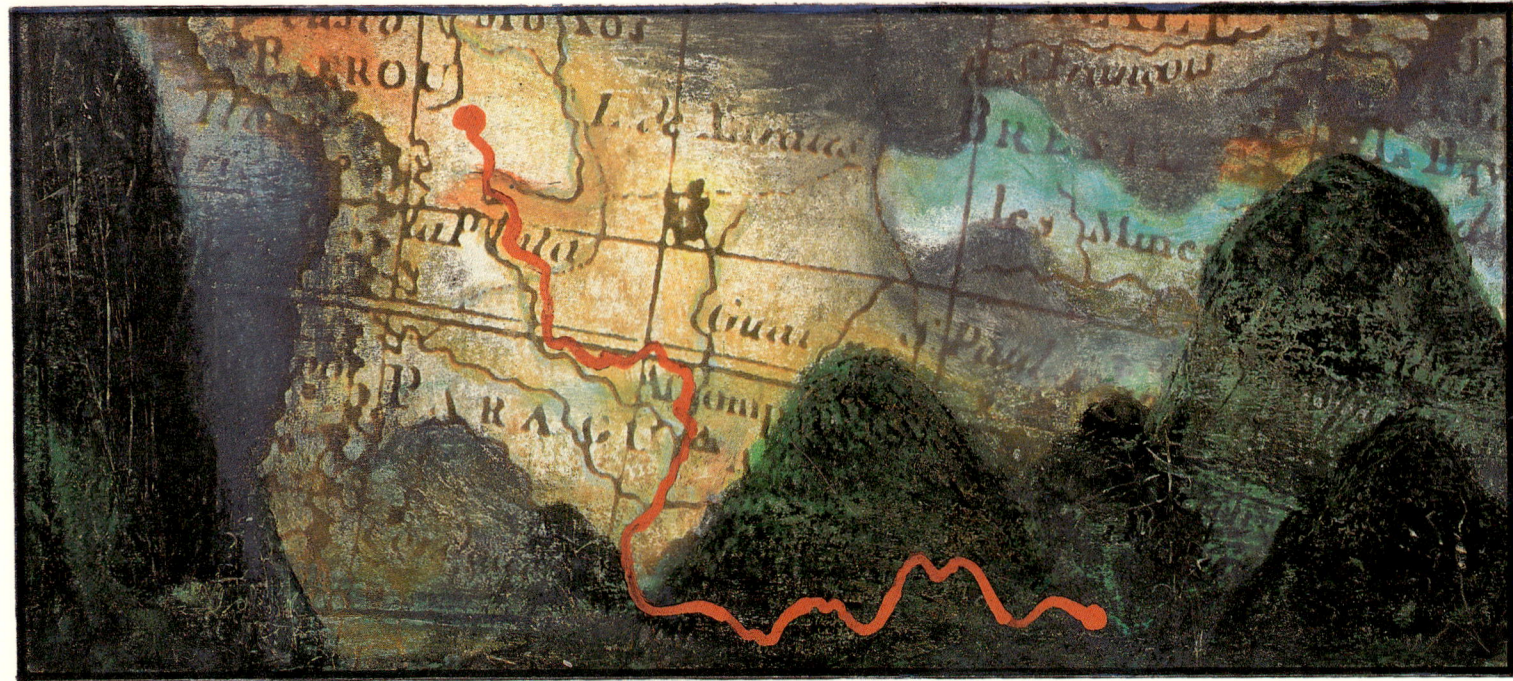

MAR DULCE... RIO DE SOLÍS... EL PLATA... NAMEN, DIE DIE ZEIT MIT SICH REISST WIE EIN SUDESTADA*. NUR DIE FARBE DES LÖWEN, DEM GESTERN TREU, IST DAS, WAS DIE TEILNEHMER DER EXPEDITION VON CABOTO GENAUSO SAHEN, WIE DIE VERFASSER DER FOLGENDEN VERSIONEN DER GESCHICHTE. DER FLUSS... TEILNAHMSLOS... DUNKLER PROTAGONIST DER ERZÄHLUNG.

GELEITET VON DEM WIND UND DER STRÖMUNG REISEN DIE SCHIFFE AUF DEM FLUSS, EIN WEG INS UNBEKANNTE. DIE PERSONEN REISEN. DAS WASSER REIST. AUCH DIE ERZÄHLUNG REIST MIT UNSICHEREM KURS AUF DEN SPUREN JENER ANDEREN REISE, DER ERINNERUNG.

DIE GESCHICHTE UND IHRE BEWEGUNG, DIE WIR ABENTEUER NENNEN, ERMÖGLICHEN DIE BEGEGNUNG MIT VERGESSENEN INDIVIDUEN. IN DIESEM FALL, MIT EINEM AFRIKANER, SCHIFFSJUNGE BEI DÍAZ DE SOLÍS, DEM FRÜH VERSTORBENEN ADELANTADO*. ERZÄHLEN: AUFGABE DER ÜBERLEBENDEN.

* SÜDOSTWIND   * IM MITTELALTERLICHEN SPANIEN STATTHALTER (VERTRETER DES KÖNIGS); SEIT DEM 16. JAHRHUNDERT BLOSSER TITEL.

SEITDEM SIND MEHR ALS ZEHN JAHRE VERGANGEN, UND GANZ EHRLICH... ICH KANN NOCH IMMER NICHT SAGEN, WAS MIR DAS LEBEN GERETTET HAT.

MEINE JUGEND? DIE FARBE MEINER HAUT?... DIE WENIGEN METER, DIE MICH VON DER GRUPPE TRENNTEN?

ES SCHEINT EIN WUNDER. IN ALL DEN JAHREN HABEN SIE DICH FÜR TOT GEHALTEN UND...

ER MÖGE MIT UNS KOMMEN.

"SEINE KENNTNIS VON DER SPRACHE UND DER GEGEND KÖNNTEN FÜR UNS SEHR NÜTZLICH SEIN."

"... DIE BEGEGNUNG MIT DEN SCHIFFBRÜCHIGEN UND DEN DESERTEUREN, DIE LANGE ZEIT UNTER DEN WILDEN GELEBT HABEN, HAT TIEFEN EINDRUCK BEI CABOTO HINTERLASSEN. ER LAUSCHT DIESEN ERZÄHLUNGEN, ALS OB SIE DIREKT VOM HIMMEL KÄMEN."

"DIE IDEE DIESE SIERRA DE LA PLATA ZU ERREICHEN, IST ZU EINER BESESSENHEIT DER GANZEN EXPEDITION GEWORDEN. JEDEN TAG WURDE DEUTLICHER, DASS SOLCH EIN UNTERNEHMEN NUR DURCHGEFÜHRT WERDEN KANN, WENN ES AUF DIE SAGE, DEN MYTHOS, DEN TRAUM VERTRAUT. UNSER PERSÖNLICHES SCHICKSAL, DAS LEBEN JEDES EINZELNEN..."

TOCK! TOCK!

HEREIN!

DER PILOTO MAYOR WÜNSCHT SIE ZU SPRECHEN, SEÑOR.

WARUM STELLT MAN SICH DANN NICHT AUCH EIN FEUER UND EINE VERSION DIESER ERZÄHLUNG AUS DEM MUNDE EINES ZEUGEN VOR? ERZÄHLEN: AUFGABE DER ÜBERLEBENDEN.

ES WAR GRAUENVOLL... GRAUENVOLL.

NUN KEHREN WIR ZUM RÍO SOLÍS ZURÜCK UND VERSUCHEN UNSER GLÜCK WEITER OBEN. WIR MÜSSEN TIEFERE GEWÄSSER FINDEN.

ICH WERDE DAS KAPITÄNSSCHIFF UND EINE GUTE BESATZUNG HIERLASSEN. MIT DEN ANDEREN BEIDEN SCHIFFEN UND DEM REST DER MÄNNER...

EINE KARAVELLE UND EINE BRIGGAN-TINE, BELADEN MIT EHRGEIZ UND TRÄUMEN ERKUNDEN AUF IHREN FAHRTEN INS UNGEWISSE REISEROUTEN DER ZUKUNFT.

DAS KOMMANDO ÜBER DIESE BEIDEN SCHIFFE HATTE CABOTO: KAUFMANN, SEEFAH-RER, WISSENSCHAFTLER, EIN MANN, DER DEN UMGANG MIT KÖNIGEN EBENSO GEWOHNT WAR, WIE MIT SCHIFFSJUNGEN, BANKIERS, SOLDATEN, KARTOGRAPHEN... GANZ OHNE ZWEIFEL SIND DIE GRÜNDE SEINES TUNS VIELSEITIG.

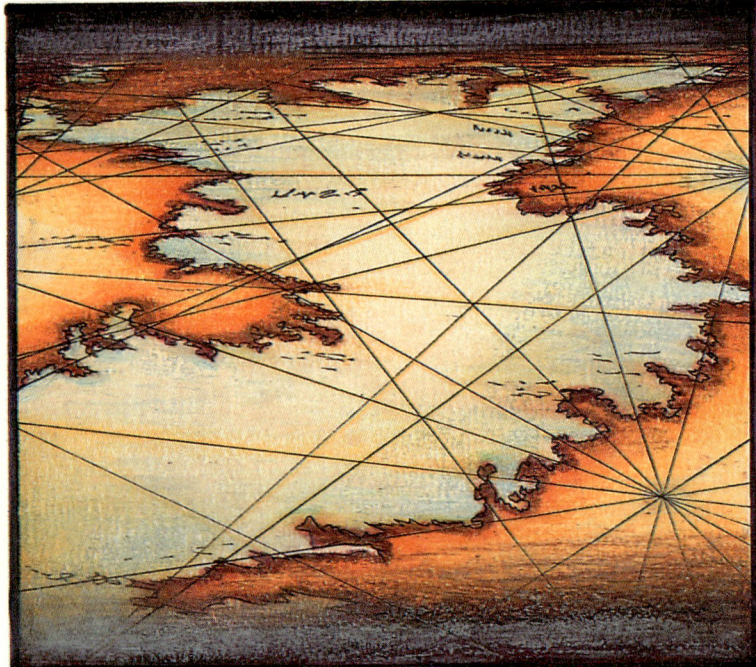

TAUTÄNZER IM AMERIKANISCHEN LABYRINTH; SUCHENDE NACH PUNKTEN AUF DER KARTE; ARCHITEKTEN NEUER KULISSEN FÜR DAS DRAMA.

Panel 2: ICH WEISS NICHT, WAS IHR DAZU MEINT, ABER ICH HALTE DIESEN ORT GEEIGNET, UNS HIER NIEDERZULASSEN.

ICH DENKE, DAS HÄNGT VON DEM VERHALTEN DER WILDEN AB. WENN ES UNS GELINGT, FREUNDSCHAFT MIT IHNEN ZU SCHLIESSEN...

Panel 3: ES IST DIE ABSICHT DES PILOTO MAYOR, DEN ORT ZU BEFESTIGEN UND VON HIER AUS DAS GELÄNDE ZU ERKUNDEN.

DIESER ORT SCHEINT MIR NICHT SCHLECHTER ALS DIE ANDEREN ZU SEIN.

Panel 4: WIRD DAS AUSREICHEN?

DAVON BIN ICH ÜBERZEUGT. WIR WERDEN HART ARBEITEN MÜSSEN, DOCH UNS FEHLEN WEDER ARME NOCH WERKZEUGE.

Panel 5: UND BEREITE ZWEI KISTEN MIT DEN ÜBLICHEN GÜTERN VOR. WIR BRINGEN IHNEN GESCHENKE UND GEWINNEN SO IHRE ZUNEIGUNG... KÄMME... MESSER... ANGELHAKEN...

Panel 6: WIR WERDEN MIT IHNEN VERHANDELN UND GUTE BEZIEHUNGEN AUFBAUEN. DOCH WERDEN WIR SIE NICHT UM ERLAUBNIS BITTEN. GUT, AN DIE ARBEIT.

IM LAUF DER ZEIT WIRD EIN EREIGNIS, DAS EIN TEIL DER GESCHICHTE IST, VERSCHWOMMEN, UNGENAU. WIR FÜGEN DIALOGE, SÄTZE, GESTEN HINZU, UND VERSUCHEN, WAS UNS WIE EIN ECHO ERREICHT, MÖGLICHST REAL ERSCHEINEN ZU LASSEN.

UNS ERREICHEN KARTEN, ZEUGEN-AUSSAGEN, DOKUMENTE... WORTE, SCHLIESSLICH, DIE VON DER ERSTEN NIEDERLASSUNG DER SPANIER IN DER GEGEND DES RÍO DE LA PLATA, SANCTI SPIRITUS SPRECHEN... DAS FORT SANCTI SPIRITUS... EIN PUNKT AUF DER LANDKARTE. EINE NEUE SZENE IN DEM DRAMA.

...UND NEUE AKTEURE, DIE ALTE ROLLEN IN DER GESCHICHTE VERKÖRPERN. LANGSAMES UND SORGSAMES AUFBAUEN DES BÜHNENBILDES, ALS GINGE ES DARUM EINEN RITUS AUSZUÜBEN, DAZU BESTIMMT, UNS DER HAUT, DIE WIR BEWOHNEN, ZU ERINNERN.

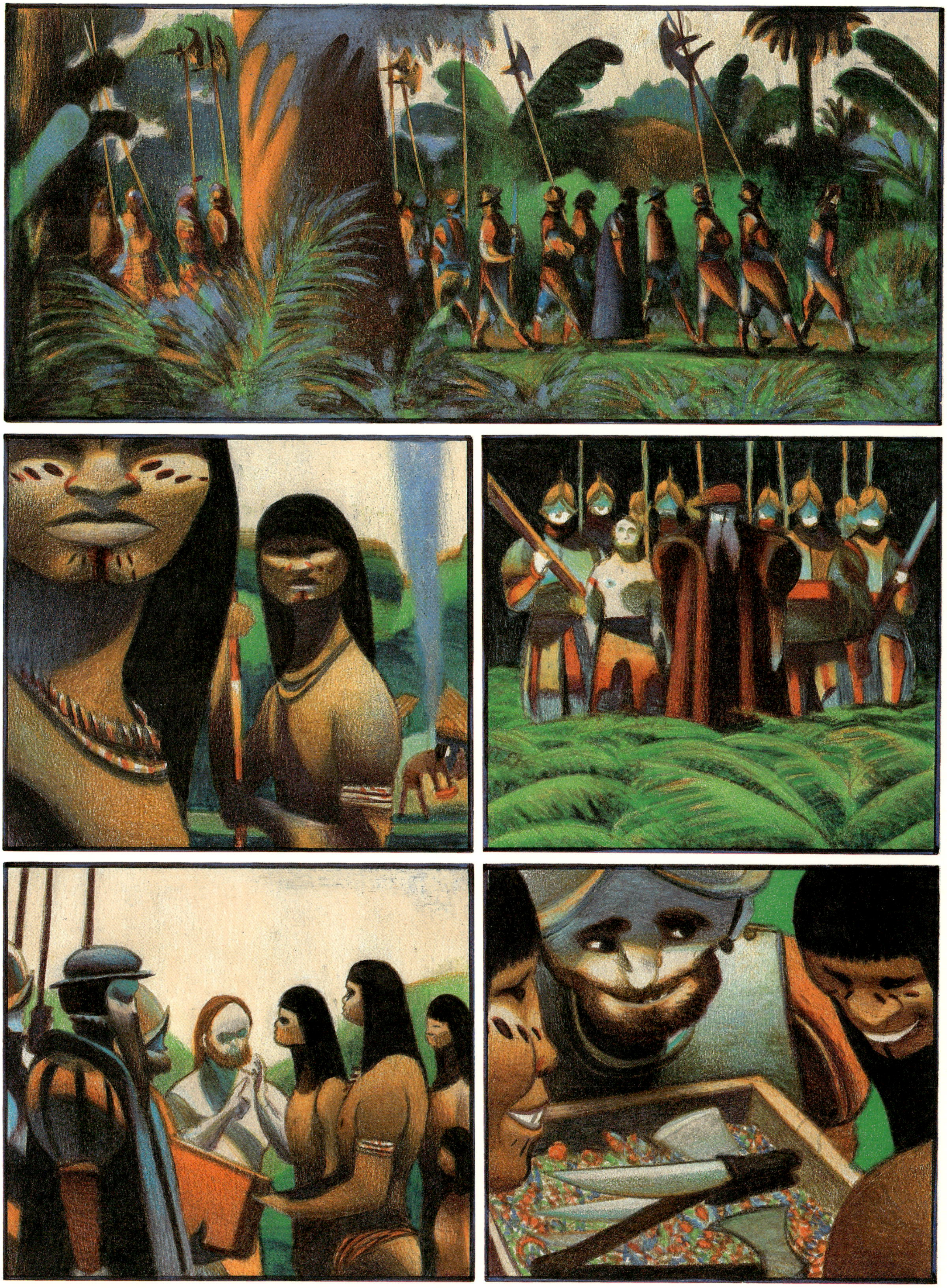

SANCTI SPIRITUS...
FORT SANCTI SPIRITUS...

HAUPTMANN CÉSAR, LASSEN SIE SICH VON DREI MÄNNERN IHRES VERTRAUENS BEGLEITEN UND ERKUNDEN SIE ZU FUSS DIE REGION, RICHTUNG WESTEN.

ER BEABSICHTIGT, IN SPÄTESTENS DREI MONATEN ZUM FORT ZURÜCKZUKEHREN. INZWISCHEN...

„WIR DEMONTIERTEN DIE BEI- DEN SCHIFFE, LEGTEN DAS KOMPLETTE FREIBORD BLOSS UND BRACHTEN RUDER AN."

...KAPITÄN BRACAMONTE, ES IST WICHTIG, GUTE BEZIEHUN- GEN ZU DEN INDIOS HERZUSTEL- LEN. WIR DÜRFEN NICHT VER- GESSEN, DASS UNSER ÜBER- LEBEN VON IHNEN AB- HÄNGT...

ICH NEHME HUNDERTZWANZIG GUT BEWAFFNETE MÄNNER MIT MIR UND FAHRE FLUSSAUFWÄRTS. WEITERE SECHZIG BLEIBEN UN- TER IHREM BEFEHL IM FORT...

„...WENIGSTENS SOLANGE, BIS WIR UNS AUS EIGENER KRAFT ERNÄHREN KÖNNEN."

HABEN DIE DINGE SICH WIRKLICH SO EREIGNET? ERZÄHLEN, DAS HEISST SCHICKSALE ERFINDEN, DIE WIE DIE FASERN EINES TAUES ZUSAMMENLAUFEN, SICH VERBINDEN, SICH VERFLECHTEN.

NEUE AKTEURE UM ALTE RITEN AUSZUÜBEN, DIE AN DIE HAUT, DIE WIR BEWOHNEN, ERINNERN.

WILDE!

BEREITET DIE WAFFEN VOR! WIR LASSEN SIE NÄHER KOMMEN UND EMPFANGEN SIE DANN MIT EINER FEUERSALVE!

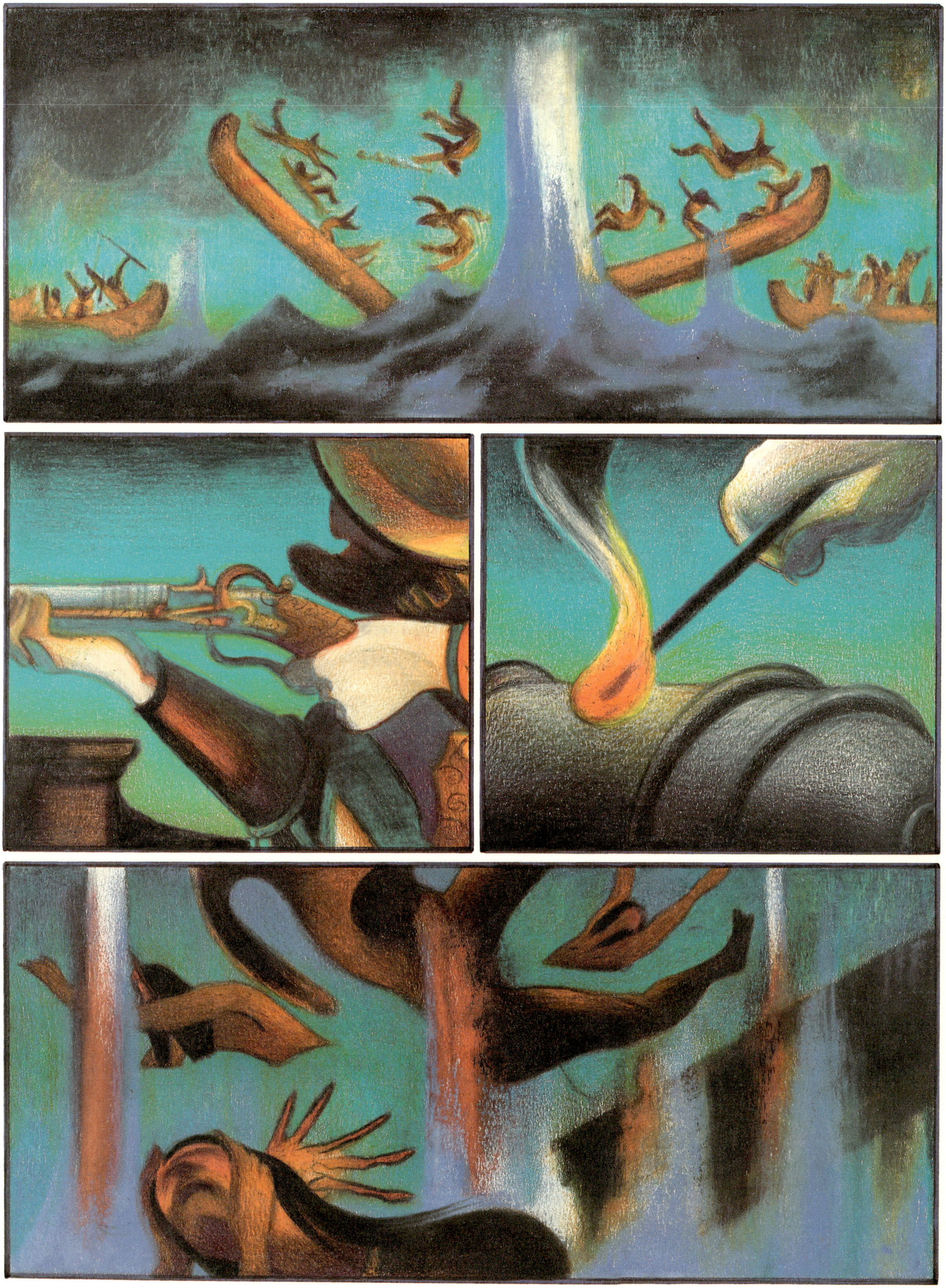

> ES SIND JAYAPURA. VERTRAUEN WIR DARAUF, DASS IHNEN DIE LUST, UNS ANZUGREIFEN...

> ...VERGANGEN IST.

> WIR MÜSSEN UNSEREM WEG FOLGEN.

| DEM RÍO PARAGUAY FOLGEND, ERREICHTE CABOTO DAS, WAS ER ALS SEIN ZIEL WÄHNTE: EINGEBORENE, EMPFÄNGLICH FÜR DEN DIALOG... GOLD UND SILBER, DAS IHN IN SEINEN TRÄUMEN BESTÄRKTE. CABOTO ERFUHR NIE, DASS DIESE DINGE NICHT AUS DER GEGEND STAMMTEN, DIE ER ERKUNDETE. | | NIE ERFUHR ER, DASS SIE AUS PERU STAMMTEN, UND VON DER EXPEDITION DES PORTUGIESEN GARCÍA DORTHIN GEBRACHT WORDEN WAREN. IN DIESEM FALL MASKIERT SICH DIE GESCHICHTE MIT FEHLERN UND NÄHRT SICH VOM MISSVERSTÄNDNIS. |

DAVON ÜBER-
ZEUGT, DEN WEG
ZU KENNEN, DER
ZUM REICHTUM
FÜHRT... EILIG
KARL V. DIE GUTE
NACHRICHT ZU
ÜBERBRINGEN...
UNTERNAHM DER
PILOTO MAYOR
DIE RÜCKREISE.
ER VERSAMMELTE
SEINE LEUTE
UND ZÖGERTE
NICHT, DEN BUG
GEN SEVILLA
ZU RICHTEN.

KLAR SIND DIE NÄCHTE IN SEVILLA, DOCH DIE ERZÄHLUNG UND DER KARTOGRAPH SUCHEN WIE BLINDE POETEN WEITER IM TRÜBEN.

IN JEDEM GESICHT ZEICHNET SICH DIE KARTE EINES LEBENS AB.

Historischer Überblick **CABOTO** der Piloto Mayor

Geschichten aus der Neuen Welt

Historischer Überblick **CABOTO** der Piloto Mayor

Vorderseite des Libro de las Longitudes (Buch der Längengrade) von Alonso de Santa Cruz, eine unerläßliche Abhandlung für die Seeleute seiner Epoche. Nationalbibliothek in Madrid

EIN SCHATTEN IN DER ZEITGESCHICHTE

Diese Geschichte gleicht dem angestrengten Versuch, einen fliehenden Schatten zu fassen. Der Dunst der Zeit – der einen ähnlichen Klang hat wie das Rauschen des Meeres – läßt die Konturen und das Gesicht eines Mannes verschwimmen, von dem fast nichts bekannt ist. Wir sind uns nicht einmal sicher, wie man seinen berühmten Nachnamen richtig schreibt: Caboto? Gaboto? Cabot? Ebensowenig kennen wir sein genaues Geburtsdatum oder seine Augenfarbe; wir wissen auch nicht, ob er jemals in eine Frau verliebt war. Wie kann man diese Eigenschaften in das leblose Gesicht eines Gespenstes einfügen? Sebastiano Caboto (der Leser darf nicht vergessen, daß das Erzählen einer Geschichte immer auch bedeutet, eine Wahl zu treffen) wurde 1476 in Venedig als Sohn des genuesischen Seefahrers Giovanni Caboto geboren, der sich in Bristol niedergelassen hatte und England als sein neues Vaterland ansah. Nun haben wir schon zwei miteinander verbundene, fast identische Schatten: Vater und Sohn, die beide ihren Blick auf die geheimnisvollen Länder am anderen Ende der Meere richten. 1476, in dem vermeintlichen Geburtsjahr von Sebastiano, schreibt der Dichter Jorge Manrique die *Coplas por la muerte de su padre*. Ein Jahr zuvor war Francisco Pizarro geboren worden. Kopernikus ist drei Jahre alt und Isabella I. bereits Königin von Kastilien.

Ja, das Leben gleicht Flüssen, die in das Meer einmünden, das in diesem Falle jedoch nicht den Tod, sondern das Leben darstellt. Wir erfahren nichts über die Kindheit von Sebastiano Caboto; wir wissen jedoch, daß man das, was man in der Kindheit lernt, niemals vergißt.

Wir können auch nicht wissen, ob an einem bestimmten Tag, an dem sein Vater nicht da war, das Kind Sebastiano leise in das Arbeitszimmer des Vaters schlich und wie hypnotisiert die Hieroglyphen der auf einem Tisch ausgebreiteten Navigationskarten betrachtete, die Seltsamkeit des Astrolabiums oder des Quadranten, die einzigartige Schönheit des Kleinen Bären oder des Polarsterns oder etwa des Jakobstabs. Niemals werden wir etwas über den Glanz in den Augen des Jungen wissen, der gerade eine ganz neue Welt entdeckt hat. Genausowenig werden wir jemals erfahren, ob seit jenem magischen Augenblick Sebastiano von der Figur des Vaters fasziniert wurde, ob das Kind plötzlich die lange Abwesenheit, die Stille, die vielen Tränen der Mutter verstand, von der ebenfalls nichts bekannt ist. Träumte Sebastiano seit diesem entscheidenden Tag von Heinrich dem Seefahrer oder von Männern, die wunderbare Karavellen bauten? Das alles wissen wir nicht. Wir wissen indes mit großer Wahrscheinlichkeit, daß er seinen Vater auf der Fahrt begleitete, die die Entdeckung der *Tierra de los Bacalaos* zur Folge hatte. Es ist anzunehmen, daß Sebastiano aus dem Munde seines Vaters oft den berühmten Namen von Christoph Kolumbus gehört hat. Nachdem Giovanni Caboto von dem Erfolg des Kolumbus gehört hatte, schlug er Heinrich VII. vor, die Nordwestpassage nach Indien zu suchen. Als Kolumbus die Neue Welt entdeckt, ist Sebastiano sechzehn Jahre alt; in dem Alter, in dem junge Männer zu großen Träumereien neigen. Caboto würde sein Schicksal ohne Widerspruch auf sich nehmen.

Am Freitag, dem 3. August 1492, eine halbe Stunde vor Sonnenaufgang, leiteten drei Schiffe im Hafen von Palos eine neue Epoche für die Welt ein. Drei Schiffe, auf ihren Segeln das rote Kreuz von Malta; an den Hauptmasten das königliche Banner von

Historischer Überblick   CABOTO   der Piloto Mayor

Kastilien, und an den Fockmasten die Standarte mit dem grünen Kreuz der katholischen Könige. In den Köpfen vieler Männer wurde ein dunkler Aufruhr von Habgier und Ruhm ausgelöst. In einer unbekannten Welt konnte man Macht und Reichtum erlangen. Eine Mischung aus Aberglauben und Wissen, aus Größe und Elend drängte diese Männer, das Unmögliche zu versuchen.

Mythen und Legenden machten allenthalben die Runde. Christoph Kolumbus dachte, er sei in Cipango und verwechselte die Unwetter der Karibik mit den Taifunen von China, dem Land Marco Polos. Sebastiano Caboto würde unter dem Eindruck von Träumen, Gerüchten und Wahrheiten aufbrechen, obwohl er niemals ein Träumer oder Visionär war. Zweifellos hat er während seiner langen Lehr- und Studienzeit viel bei seinem Vater gelernt. Er mußte wissen, daß der atlantische Ozean stürmisch war. Er mußte die Karavellen sehr genau kennen, und zeichnete möglicherweise mehr als eine in seine Hefte. Er wußte, daß eine Karavelle im Durchschnitt 21 Meter lang und 7 Meter breit war und einen sehr tiefgelegenen Schwerpunkt hatte. Die Ladekapazität lag bei etwa sechzig spanischen Tonnen. Sebastiano Caboto hatte das eindrucksvolle und sehr schwere Leben an Bord selbst erfahren. Die Seeleute schliefen an Deck; sein Vater und er fanden zusammen mit anderen angesehenen Männern unter dem Quarterdeck oder im Achterkastell Platz. Wenn ein Unwetter aufkam, mußte das Gewicht des Schiffes verringert werden, und dann wurde die Kleidung und sogar der Proviant an Essen, Wasser und Wein über Bord geworfen. Heutzutage kann man sich das Durcheinander und die Unannehmlichkeiten, den Gestank der Männer und der Pferde inmitten von Werkzeugen, Takelwerk, Fässern mit Fisch und Teer, Weizen, Hafer, Körnern, Weinstöcken und Zuckerrohr nur schwer vorstellen. Später dann die Langeweile, das unbewegte Meer, die wachsamen und erfahrenen Blicke, die auf jedes noch so kleine Detail achteten, auf den Flug der Vögel, auf treibende Grashalme, auf Delphine oder einen weit entfernten Wal. So wurde Sebastiano Caboto zu einem durch unvergeßliche Erfahrungen reichen Mann. Über dieses »zum Mann werden« wissen wir jedoch fast gar nichts mit Sicherheit. Wie weit muß man die Wurzeln eines Mannes zurückverfolgen? Man sagt, daß Sebastiano Caboto auf gerissene Weise den Ruhm seines Vaters mehrte. Was wissen wir jedoch von seinem Vater? Von Raimundo de Soncido

G. Ramusio und F. Grisellini. Die Gebrüder Caboto, berühmte venezianische Seefahrer. Palacio Ducal, Venedig. (Ausschnitt)

erfahren wir, daß Giovanni Caboto den Orient durchreist hatte und bis nach Mekka gekommen war. Das Datum ist jedoch unbekannt. In Mekka nahm er Kontakt zu Kaufleuten auf, forschte und fragte nach der Herkunft ihrer Gewürzwaren. Welche gesicherten oder unglaublichen Informationen erhielt Giovanni Caboto wohl aus jenen fernen Gesprächen? Man könnte annehmen, daß Giovanni Caboto schon vor 1492 in England gelebt hat. Am 5. März 1496 ging Heinrich VII. auf Cabotos Vorschlag ein und bewilligt eine Expedition mit fünf Schiffen; es stach jedoch nur ein Schiff von Bristol aus in See: die »Matthew«, mit 50 Tonnen und einer Besatzung von 18 Mann. Das war Anfang Mai des Jahres 1497. Begleitete Sebastiano seinen Vater? Das ist fast sicher. So erlebte Sebastiano – wie wir bereits erwähnten – schon früh zahlreiche Abenteuer und sah seinen eigenen Vater im Namen des Königs von England unbekannte Länder erobern. So etwa einen Teil der Küste von Labrador, für andere die Insel *Terranova*, oder auch die Insel *Cabo Breton*. Wichtiger ist Sebastianos Erziehung durch seinen Vater, die Heranbildung seines Charakters, die Entwicklung eines Mannes.

Historischer Überblick CABOTO der Piloto Mayor

Im 17. Jhdt wurden diese Stiche nach phantastischen Beschreibungen der amerikanischen Fauna angefertigt. Heute zu sehen in der Nationalbibliothek in Madrid. *(Siehe auch rechte Seite)*

DIE BERUFUNG

Zurück zum Anfang. Vermutungen über einen Schatten. Gavotto? Cabotto? Caputo? Vielleicht Gaeta? Geburtsjahr 1480? 1483? 1477? Geboren, ja, in Venedig, von einer venezianischen Mutter, obgleich er schon bald zusammen mit seinen Brüdern Luis und Santo, von denen auch nichts bekannt ist, nach England gebracht wurde. Können wir der Existenz eines Mannes nachspüren, über dessen Beziehung zu seinen Brüdern wir nichts wissen? Wir wissen auch nichts über die Augenfarbe der Mutter, und wir werden niemals erfahren, ob Sebastianos Mutter eine sanfte oder etwa eine mürrische Frau war. Zu seiner Zeit wurde vieles über Sebastiano Caboto erzählt: er sei ein Aufschneider und Schwätzer, ein Intrigant, ein Betrüger, ein schwacher und verwirrter Charakter, der immer bestrebt war, die Verdienste des Vaters zu Unrecht für sich in Anspruch zu nehmen. Wer kann solche Anschuldigungen hinnehmen? In Sevilla würde er (wie wir noch sehen werden) in eine gewaltige Intrige geraten. Sebastiano Caboto würde als Piloto Mayor einer Menge Kaufmännern und Kosmographen gegenübertreten. In seinem leidenschaftlichen Leben gibt es viele ungeklärte Aspekte, nicht nur eine Sternkarte (deren einzige Kopie in der Nationalbibliothek in Paris aufbewahrt wird), die scheinbar zahlreiche Fehler und Legenden beinhaltet. Die Angelegenheit war sehr heikel. Eine der zahlreichen und schwierigen Aufgaben eines Piloto Mayor war es nämlich auch, die Geheimnisse der Navigationskarten zu wahren. Erscheint es dann logisch, daß Sebastiano seine eigenen privaten Entwürfe »veröffentlicht« hat? Er hätte sofort wegen Verantwortungslosigkeit getadelt und sicherlich von seiner Arbeit suspendiert und versetzt werden müssen, die er aber bis 1548 beibehielt. Dann verließ er seine Stellung aus eigenem Willen.
Im Jahre 1512 begann die wichtigste Zeit im Leben von Sebastiano Caboto. Ferdinand, der Katholische schloß einen Vertrag mit ihm und ernannte ihn zum Kapitän in seinen Diensten mit einem Sold von 500 Maravedien. Sebastiano Caboto siedelte mit seiner Frau Catalina Medrano nach Sevilla über. Was für eine Frau war sie? Niemand scheint etwas über sie zu wissen. Ferdinand, der Katholische starb und schon wieder ergibt sich eine Lücke in der Zeittafel. 1518 wurde Sebastiano Caboto in Rang und Würden des Piloto Mayor erhoben, zweifellos wegen eines herausragenden Verdienstes. Die Position des Piloto Mayor

Sebastiano erlebte in Bristol die triumphale Rückkehr seines Vaters nach dreimonatiger Abwesenheit. Giovanni Caboto wurde jubelnd in England empfangen. Der König gewährte ihm eine Prämie von 10 und eine jährliche Rente von 20 Pfund Sterling. Der Name Giovanni Caboto wird in Spanien zweifellos mit Mißtrauen genannt worden sein.
Von dem Triumph bestärkt, genehmigte Heinrich VII. eine weitere, noch viel ehrgeizigere und besser organisierte Expedition: sechs Schiffe unter dem Befehl von Giovanni Caboto. Diesmal gibt es keinen Zweifel.

Sebastiano nahm an der Fahrt teil. Es war der Sommer des Jahres 1498. Von dieser Reise ist nur sehr wenig bekannt. Anscheinend war man durch Treibeis gezwungen, den Kurs in Richtung Süden zu ändern. Es existieren nur vage oder widersprüchliche Berichte. Nach dieser Expedition hörte man nichts mehr von Giovanni Caboto. War er während der Reise gestorben? Hatte Sebastiano den Befehl übernommen? Hier erlischt das Licht des Vaters und das des Sohnes leuchtet auf. Zwei Schatten in der Zeitgeschichte.

Historischer Überblick CABOTO der Piloto Mayor

von Spanien war etwas besonderes. Im Jahre 1516 hatte mit einiger Wahrscheinlichkeit eine wichtige Entdeckungsreise stattgefunden. Damals war es Sebastiano Caboto gelungen, die Hudsonstraße zu durchfahren. Sicher ist jedoch, daß Sebastiano nun Piloto Mayor war, eine ungeheuer verantwortungsvolle Stellung, umsomehr als Sebastiano kein Spanier war. Die Aufgaben des Piloto Mayor waren schwierig und zahlreich: das Ausbilden und Prüfen von Steuermännern, das Koordinieren und Auswerten der Ergebnisse von Entdeckungsfahrten, um die offiziellen Navigationskarten fertigzustellen; die Organisation von Überseereisen unter Berücksichtigung der komplexen Interessen, die damit einhergingen, sowie die Handhabung und Benutzung sämtlicher Navigationsinstrumente. Die Arbeit erscheint uns heute als Herausforderung. Sebastiano muß gute Anlagen gehabt haben, und neben einer ruhigen Hand, Erfahrung und guten wissenschaftlichen Kenntnissen auch zweifellos viel praktisches Talent, um sich über fast 30 Jahre hinweg gegen die Steuermänner und Kosmographen des königlichen Handelshauses (Casa de la Contratación) in Sevilla zu behaupten. Er muß ein überaus kluger Mann gewesen sein, um Mißgunst und Haß aus dem Weg zu gehen. Cabotos Arbeitszimmer in Sevilla muß eine Welt für sich gewesen sein. Es scheint sicher, daß die Entdeckungsreise von Magellan nicht ohne seine massive Unterstützung hätte organisiert werden können. Nach der Rückkehr des Schiffes »Viktoria« wurde die Karte, die die überraschende Großtat dokumentierte, in Cabotos Büro angefertigt. Zusammen mit Hernando Colón und Juan Vespuccio war er Mitglied der Kommission, in der Steuermänner und Kosmographen die Grenzen der Demarkationslinie, die 30 Jahre zuvor in dem Vertrag von Tordesillas festgelegt worden war, bestimmen sollten. Dabei kam es zu keiner Einigung zwischen Spanien und Portugal.

Der Stich links zeigt den berühmten englischen Piraten Thomas Cavendish. Nach Elcano war er der zweite, der die Erde umsegelte.

DIE LANGE REISE

In seinem Aufsatz *La emigración española al Río de la Plata* beschrieb Richard Konetzke, welchen großen Einfluß die Legende von den phantastischen Minen in Peru auf sämtliche Vorhaben und Entdeckungsfahrten hatte. Einerseits war es das Gold, und andererseits – als man den Irrglauben entdeckt hatte – die dringende Notwendigkeit, sich der portugiesischen Angriffe zu erwehren. Am 8. Oktober 1515 stach Juan Díaz de Solís in Sanlúcar de Barrameda mit drei Schiffen und sechzig Mann in See. König Ferdinand maß der Fahrt

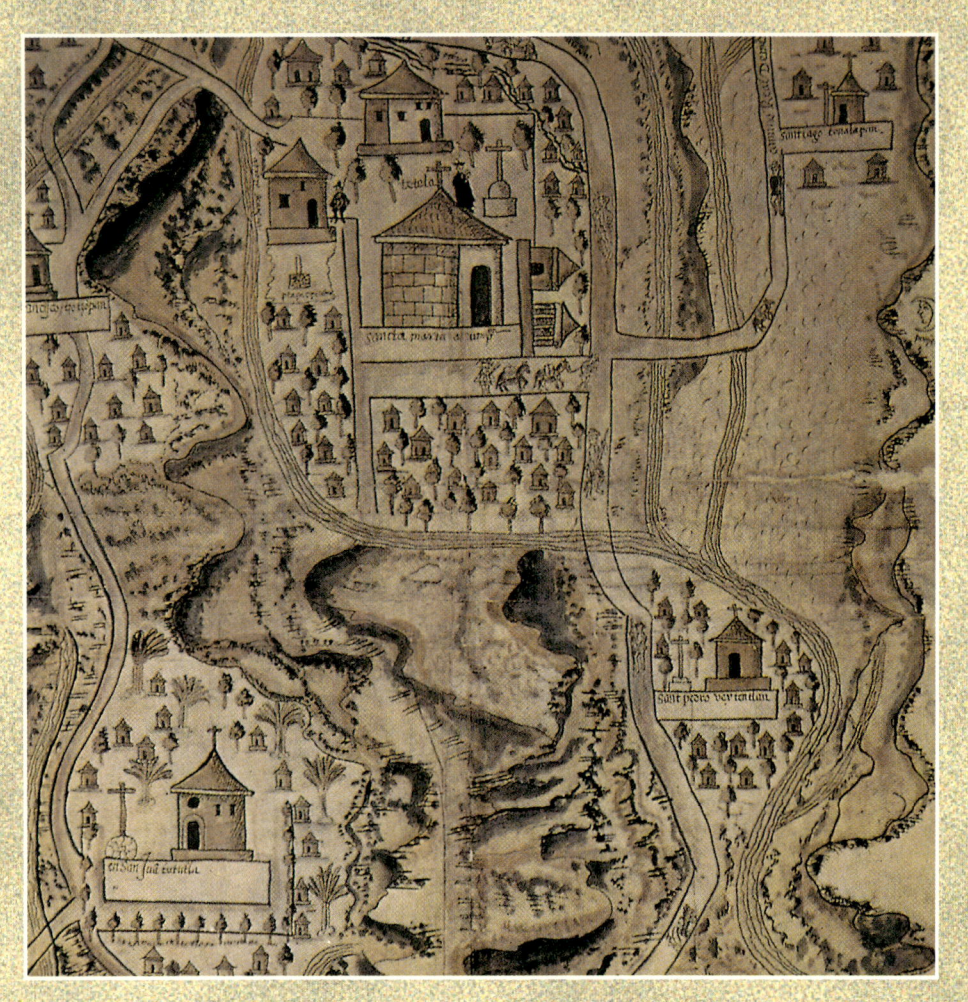

Historischer Überblick CABOTO der Piloto Mayor

Mit der Errichtung von Befestigungen, kleinen Städten und Dörfern begann ein Kolonialisierungsprozeß, der sich bis in das 18. Jhdt. hineinzog. Caboto errichtete eine der ersten Siedlungen an den Ufern des Carcarañá.

enorme Wichtigkeit bei. Wie Antonio de Herrera in seiner *Crónica General* schrieb: »aufgrund seiner Mißgunst gegenüber den Portugiesen und der Meinung der Kosmographen, daß man von dieser Gegend aus Zugang zu den Gewürzinseln finden würde.« Díaz wurde im Februar 1516 an der Küste von Uruguay von Indios getötet. Im Anschluß daran ereignete sich die unglaubliche Geschichte des Schiffsjungen Francisco del Puerto, der bei den Indios weiterlebte. Elf Jahre später würde Sebastiano Caboto im Hafen von San Lázaro auf diesen Jungen stoßen. Der dann bereits erwachsene Schiffsjunge sollte eine weitere Stimme im Chor der Mythenerzähler werden.

Francisco del Puerto war es gelungen, inmitten von Indios elf Jahre lang zu überleben. Wir wissen nicht, wie er das geschafft hat. Abgesehen von seinem Mut müssen dem Jungen seine Vorstellungskraft und andere Hilfsmittel geblieben sein. Noch bevor er von dem katastrophalen Ausgang der Fahrt von García Joffre de Loayza und seinen Männern erfuhr, hatte Karl I. anscheinend schon neue Vereinbarungen und Verträge mit Sebastiano Caboto abgeschlossen. Stand vielleicht ein mächtiger Zusammenschluß der Kaufleute von Sevilla dahinter? Fast alle Unternehmungen, in denen Sebastiano die Hauptrolle spielte, schienen in ständige Untersuchungen verwickelt. Caboto erhielt sehr genaue Anweisungen: er sollte die Magellanstraße durchfahren »und nach den Molukken und anderen von Magellan und Sebastián Elcano schon entdeckten Inseln auszusegeln, um Tauschhandel zu treiben und seine Schiffe mit Gold, Silber, Edelsteinen, Perlen, Arzneimitteln, Spezereien, Seide, Brokaten und anderen köstlichen Dingen zu beladen.« Sebastiano Caboto übernahm die Expedition mit drei Schiffen und zweihundert Männern. Am 3. April 1526 stach die Armada bei Sanlúcar de Barrameda in See. Abermals stand Sebastiano Caboto im Mittelpunkt seines eigenen Schicksals. Im Juni befand sich die Expedition vor Pernambuco der Küste Brasiliens. Hier begann das große Mythos der Worte, der schweren Anschuldigungen, der faszinierenden Berichte. Die Portugiesen erzählten wunderbare Dinge von den Ländern, zu denen man durch den von Solís entdeckten Fluß gelangte, der bereits »de la Plata« genannt wurde. Welche Schatten zogen durch Sebastiano Cabotos sonst so geistesgegenwärtigen und berechnenden Kopf? Wir wissen es nicht. Warum änderte Caboto seine anfänglichen Pläne? Ein Navigationsfehler, wird von einer Seite berichtet; vielleicht auch geheime Abkommen mit Karl I. oder die Versuchung von Macht, Ruhm, Reichtum oder Stolz? Niemand kann nun noch die Wahrheit berichten. Die vereinfachte Wahrheit ist, daß Caboto begann, das riesige Gebiet des berühmten Río de la Plata zu kolonialisieren. Zu dieser Zeit drangen zwei Schiffbrüchige der Flotte von Solís, Enrique Montes und Melchor Ramírez, zu Caboto vor und berichteten ihm von der waghalsigen Expedition von Alejo García. Dieser hatte sich, besessen von den Dingen, die er über die Existenz des Reiches des Weißen Königs in den Silberbergen gehört hatte, zusammen mit einigen Begleitern in das große Abenteuer gestürzt. Er war bis zur Grenze Perus vorgedrungen und hatte einen enormen Reichtum von wertvollen Metallen angehäuft. Als er von dort zurückkam, wurde er von Indios getötet, die die gesamte Beute mitnahmen. Stellen wir uns Caboto vor, der auf der Insel Santa Catalina diese Geschichten hörte und überdachte, die so wahr und nahe schienen. Mit Gold und Silber beladene Schiffe. Ein unheimlich wasserreicher Fluß, der Paraná genannt wurde. Eine Bergkette aus wertvollen Perlen.

Fünf Monate verbrachte Caboto auf Santa Catalina. Wiederum müssen wir uns seine Träume und seine Unschlüssigkeit vorstellen. Schließlich beschloß er, dem von Solís entdeckten Fluß zu folgen und bis zu dem Gold und Silber vorzudringen. Sebastiano Caboto schien ständig von einem Dämon besessen zu sein. Er befahl, eine Galeote zu bauen und am 15. Februar 1527 begann die Exkursion. Sie gelangten zu einer Insel, die Caboto San Gabriel nannte und entdeckten »einen Hafen aus fester Erde«, San Lázaro. Wir wissen nichts oder nur sehr wenig über die tatsächliche Stimmung unter den Besatzungsmitgliedern. Nun erklang eine neue Stimme, die noch einmal den gleichen Zielort beschrieb: die von Francisco del Puerto, dem verlorenen Matrosen von Solís, ein Phantom, das ziellos an den Ufern des Flusses umherstreifte. Die Erzählung von Francisco del Puente war für Caboto ausschlaggebend. Es war sicher, daß es ein Stück den Paraná hinauf einen Nebenfluß gab, den Carcarañá, der sie schließlich zu den Gold- und Silbergebieten führen sollte. Caboto beschloß, dem Kurs seiner eigenen Faszination zu folgen. Aber auch das ist nicht sicher. Sie fuhren weiter. Caboto schloß einen freundschaftlichen Pakt mit den Indios von Karakara. An einem Ort namens Carcarañál beschloß er, eine Befestigung anzulegen. Hier beginnt nun eine andere Geschichte.

Historischer Überblick **CABOTO** der Piloto Mayor

SANCTI SPIRITUS

Caboto befahl seinen Leuten, sich zu sammeln. Es war im Juni des Jahres 1527. Die Indios zeigten sich anscheinend friedlich. Die Hungrigen von San Lázaro kamen nun an. Die Befestigung war ein roh gezimmertes Bauwerk, aber sie stellte die erste spanische Siedlung an den Ufern und Stränden des Río de la Plata dar. Eine Befestigung mit einer ärmlichen Ansammlung von Hütten, nicht mal in der Größe eines Dorfes; die Spanier betrieben Landwirtschaft. Die dunkelhäutigen Indios schienen edelmütig, erfahren und Kenner der Umgebung. Wie hat wohl währenddessen Caboto die Ruhe bewahrt? Die Einwohnerzahl von Sancti Spiritus wuchs stetig; für Caboto war es jedoch lediglich eine strategische Operationsbasis. Caboto mußte weitermachen. Das Problem der Zeit. Es passierten viele Dinge, fast alle mehr oder weniger durcheinander und unklar: der Fluß Paraguay, die Schlacht bei Angostura, dreihundert Kanus der Agace-Indios, Pfeile gegen Feuerwaffen, Enterung. Die Ankunft an einem Ort namens »Nambí«, der Irrtum – oder Irrglaube – über einige Goldklümpchen. Die unerwartete Ankunft von Diego García de Moguer mit zwei Briggs, sechzig gut bewaffneten Männern und einer großen Ladung von Vorwürfen und Mißtrauen in Sancti Spiritus. Sicher ist, daß Sebastiano Caboto glaubte, um weitere Hilfe bitten und seinen Entschluß bestätigen lassen zu müssen und nach Spanien aufbrach. Um gestraft zu werden? Einiges kennen wir ja schon an Caboto: freundlich, klug, widersprüchlich, immer sachkundig. Der Abschied war wohl recht pathetisch. In Sancti Spiritus bleiben Kapitän Don Nuño de Lara und etwa 80 Personen zurück. Als das Schiff mit Caboto schließlich nicht mehr zu sehen war, dürften sich diese Menschen wohl ziemlich verlassen vorgekommen sein. 80 Personen.

rechts:
Seekarte von Abraham Ortelius von 1589, welche die kartographischen Kenntnisse eines ganzen Jahrhunderts darstellt. (Ausschnitt)

DIE LEIDENSCHAFT

So blieben also etwa 80 Personen in der Befestigung. Wir wissen nicht, ob Kinder dabei waren. Frauen schon. Der Kapitän Don Nuño de Lara, notwendigerweise kriegserfahren – wir wissen nicht, ob auch in gleichem Maße klug – war darauf erpicht, den Frieden mit den Indios zu erhalten. Es fand ein friedlicher Austausch von notwendigen Dingen statt. Die Indios boten den Spaniern Nahrung an. Was werden die Spanier, arm wie sie waren, ihrerseits den Indios angeboten haben? Nur wenig, nehmen wir an, abgesehen von ihrer fremdartigen Anwesenheit. Die Indios wurden von zwei Brüdern, Mangoré und Siripo, angeführt. Mangoré war etwa vierzig Jahre alt, schlau, schnell bei der Jagd und außerdem ein sehr erfahrener Krieger, der sich auch mit Landwirtschaft auskannte. Mangorés Worte wurden als Gesetz respektiert und gefürchtet.

Siripo, wie sein nur wenig älterer Bruder Junggeselle, war ebenso flink und stark, muß jedoch sanfter und weniger gefürchtet gewesen sein. Stellen wir uns Mangorés Blick und seine Gefühle vor, als er eines Tages eine spanische Frau entdeckte, die in der Befestigung lebte; eine junge Frau namens Lucía Miranda, verheiratet mit Sebastián Hurtado, der wie sie aus Ecija kam.

Historischer Überblick **CABOTO** der Piloto Mayor

LUCÍA MIRANDA

Was suchte eine verheiratete Frau zusammen mit ihrem Ehemann in der Befestigung Sancti Spiritus? Vielleicht war es der Ruf der neuen Welt, das Abenteuer, oder wahrscheinlicher die Suche nach dem täglichen Brot. Wir wissen auch dies nicht mit Sicherheit. Lucía Miranda muß ihren Mann Sebastián Hurtado sehr geliebt haben, aber es war keine gewöhnliche oder sichere Liebe, sondern eine Liebe, die diese Frau auf unwiderstehliche Art und Weise zu ihm hinzog. Wie war Lucía Miranda? Eine schöne und starke Frau? Mittelmäßig oder resigniert? Sanft? Wir glauben nicht an die Vorstellung, an das Bild einer ordentlichen und wohlriechenden Frau unter lauter Indios und Landwirtschaft betreibenden Soldaten. Eher an eine starke Frau aus Ecija, die die unerbittliche Sonne des Südens und harte Arbeit gewohnt war. Ihre Hände waren höchstwahrscheinlich nicht zart, ihre

Historischer Überblick CABOTO der Piloto Mayor

Kleidung nicht elegant. Das Leben in der Befestigung muß sehr einfach gewesen sein. Sebastiano Caboto war schon weit fort. Das Beschaffen der täglichen Nahrung war die Hauptbeschäftigung. Zusammen mit den übrigen Männern arbeitete Sebastián Hurtado von Sonnenaufgang bis Sonnenuntergang.

Die Krone ließ Expeditionen unternehmen, die die Kenntnisse der amerikanischen Terretorien vergrößern konnten. Die Nutzung der Flüsse, die Suche nach neuen Wegen.

links außen oben:
Die Charrúa-Indios
von Paraguay und dem Chacogebiet.
Ein Indio hebt sein eigenes Grab aus.

links mitte oben:
Ein Indio,
der den Wind
mit Hilfe von
entzündeten Fackeln beschwört.

links innen oben:
Sämtliche Expeditionen dienten der Suche
nach sagenhaften Reichtümern,
obwohl der größte Teil davon
nur in einigen wenigen Landstrichen
von großer Schönheit
und Verschiedenartigkeit
zu finden war.

links unten:
Den Europäern des 16. Jhdts.
eröffneten sich
die unterschiedlichsten Landschaften
und Flächen von großer Schönheit.

Wir wissen, daß Mangoré Lucía Miranda »durch zahlreiche eßbare Geschenke hilfreich unterstützte«. Aus Dankbarkeit »ließ sie ihm liebevolle Behandlung zuteilwerden«. Lucía behandelte Mangoré mit Ehrfurcht und freundlichen Worten. Daraufhin füllte sich Mangorés Kopf mit begierigen Hirngespinsten.

DAS KOMPLOTT

Ahnte Lucía Miranda denn überhaupt nichts von Mangorés Leidenschaft? Soweit wie möglich plante der Kazike sein Vorgehen. Er lud Sebastián Hurtado ein, »ihn an irgendeinem Tag in seinem Dorf zu besuchen und sich von ihm gut bewirten zu lassen.« Wir wissen, daß Sebastián Hurtado das Angebot mit gütigen Worten ablehnte, wahrscheinlich ohne überhaupt die wahren Gründe der Einladung vermutet zu haben. Von neuem füllt sich die Geschichte mit Vermutungen und Fragen, die schwierig zu beantworten sind. Worüber sprachen Lucía Miranda und Sebastián Hurtado, wenn sie allein waren? Eine genauso private wie dunkle Geschichte.

Mangorés Leidenschaft fraß sich unterdessen immer tiefer in ihn hinein. Er entwarf ein Komplott, und der Grund des Verrats trat zutage: Verrat aus Liebe. Mangoré, der viel stärker als sein Bruder Siripo und von einem übermächtigen Dämon besessen war, erklärte: Sie würden den Spaniern jeglichen Gehorsam und jede Hilfe verweigern, und zwar sofort und ohne die gewohnte Unterwürfigkeit. Die Spanier würden sich nämlich so, gerade erst in fremden Ländern angekommen, in mächtige Herren verwandeln und die Indios für immer in ihre Sklaven. Von weitem gesehen, erscheint das Komplott unerläßlich. Mangoré steigerte sich: Sie würden die Spanier töten, die Befestigung verwüsten und zerstören. Siripo ging nicht gleich in die Falle. Er muß sich dem grausamen Vorhaben sogar mit einiger Vehemenz widersetzt haben, er muß Lucías Namen wie ein Schutzschild genannt haben, wobei er in Wirklichkeit genau das Gegenteil war. Die Spanier waren schließlich immer Freunde gewesen. Siripo rückte ein wenig von dem Wahn seines Bruders ab. Ein ängstlicher und unzureichender Rückzug. Mangoré verschwand wieder im Schatten, jedoch nur für kurze Zeit. Wiederum war Mangoré in seiner Einfältigkeit der Stärkere: wenn die Spanier tot wären und die Befestigung zerstört, hätte er Lucía auf ewig für sich. Es entstand eine Atempause in der Geschichte: eine Pause, die mit Mangorés Erklärungen gefüllt wurde, daß er der Verteidiger auf Leben und Tod seines eigenen Volkes sein würde. Siripo war von Furcht überwältigt und der geheime Pakt wurde beschlossen: der Angriff würde zu geeigneter Zeit durchgeführt werden. Die Befestigung Sancti Spiritus, Lucía Miranda, Sebastián Hurtado und alle anderen Spanier waren verdammt. Der mächtige Sebastiano Caboto war weit weg. Mangoré brauchte lediglich die erste sich bietende Gelegenheit abwarten. Die Hauptcharakteristik des Dramas war seine Unausweichlichkeit. Schon bald geschah es, wir wissen nicht, ob es provoziert wurde oder nicht; genausowenig wissen wir, ob die Unterstützung der Spanier durch den Kaziken damals absichtlich verringert wurde. Da Lebensmittel in der Befestigung dringend gebraucht wurden, sandte Kapitän Don Nuño vierzig Soldaten unter dem Befehl von Ruy García in einer Brigg aus, um auf den Nachbarinseln nach Nahrung zu suchen. Sebastián Hurtado, der Ehemann von Lucía Miranda, nahm ebenfalls an der Expedition teil. Nun gab Mangoré seinen Befehl.

DIE NACHT

Wieder kommen wir auf Lucía Miranda zurück, die zurückgezogen und ohne Ehemann in der Befestigung ausharrte. Die warme, dunkle und klare Nacht brach langsam an. Lucía Miranda ahnte nichts. Mangorés Plan war nun noch viel einfacher auszuführen. Siripo hatte in das Komplott eingewilligt, allerdings wissen wir nicht, ob er noch zweifelte oder

Historischer Überblick **CABOTO** der Piloto Mayor

völlig davon überzeugt war, dadurch die Unabhängigkeit seines Volkes zu retten. Die Szene muß phantastisch gewesen sein. Viertausend Indios glitten wie ein Heer lautloser Schatten dahin und legten sich zwei Meilen vor der Befestigung in Büschen auf die Lauer. Viertausend bewaffnete, lautlose Indios, die wahrscheinlich aussahen, als seien sie Auswüchse der verschlungenen Pflanzen des Urwalds selbst. Das Herz von Lucía Miranda. Oder vielleicht war Lucía Miranda einfach erschöpft durch die Alltäglichkeit, die Arbeiten und die Tage, unbrauchbar oder abgestumpft durch ihr hartes Los als Frau eines Mannes, der ausgezogen war, um nach Nahrungsmitteln zu suchen. Wir können es nicht wissen. Mangoré fuhr in seinem Plan fort, mit der Zielstrebigkeit eines Mannes, der ein Vorhaben verfolgt, das er schon hundertmal in einem unendlichen Traum gesehen und ausgeführt hat. Er wählte dreißig junge Männer aus, die Stärksten von allen. Sie gingen voran und schlugen den Weg zur Befestigung ein, beladen mit einer Last von unschätzbarem Wert: mit genau den Dingen, wegen der vierzig unentbehrliche spanische Soldaten mit einer Brigg ausgelaufen waren: Fisch, Fleisch, Honig, Fett, Mais. Die Ankunft an der Befestigung muß ein Freudenfest gewesen sein. Was hätten die Spanier bei dieser vertrauten Handlung auch befürchten sollen? Die Nacht brach herein. Mangoré war sehr darauf bedacht, Kapitän Don Nuño de Lara, der anscheinend nichts Befremdliches im Verhalten des Kaziken bemerkt hatte, als Ersten zu beschenken; danach wurden die Nahrungsmittel unter den Offizieren und Soldaten aufgeteilt. Gesten der Freude und Dankbarkeit. Wo war wohl Lucía Miranda während dieses Festessens? Vielleicht hatte sie sich mit anderen Frauen und einigen Kindern zurückgezogen. Der Gedanke, daß der Glanz in Mangorés Augen schon eine klare Ankündigung darstellte, ist wohl zu abwegig. Die dreißig kräftigen jungen Männer, die zweifellos erfahrene Kämpfer waren, blieben in Sancti Spiritus, um dort die Nacht zu verbringen. Langsam senkte sich der Schlaf über die Spanier. Mangoré schlief nur zum Schein. An den Toren standen Wachposten. Ein Zeichen im richtigen Augenblick.

rechts:
An der brasilianischen Küste hörte Caboto von den Portugiesen faszinierende Geschichten über den von Solís entdeckten Fluß.

unten:
Ausschnitt aus der Sebastiano Caboto zugeschriebenen Weltkarte. Antwerpen 1544. Nationalbibliothek in Paris.

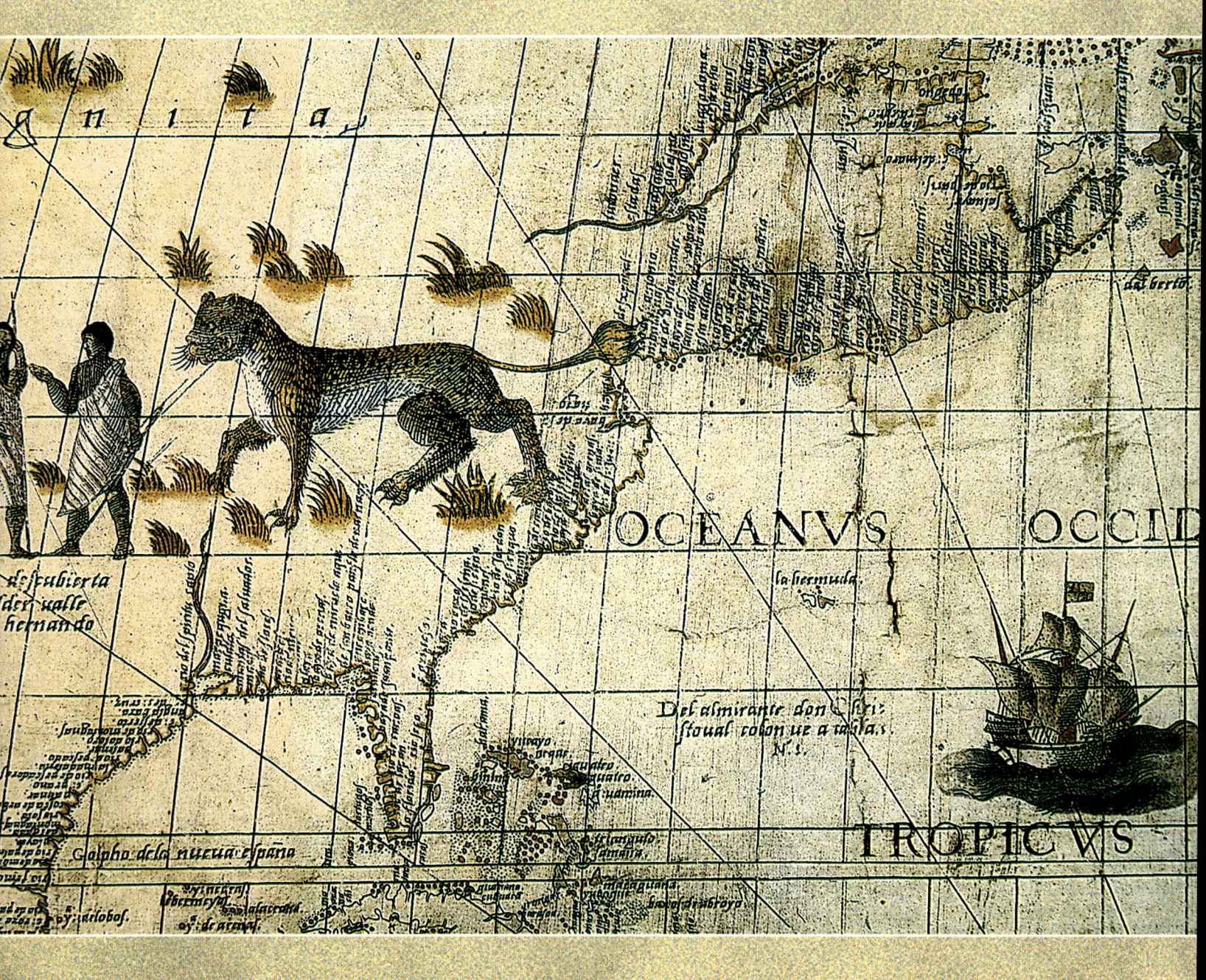

Historischer Überblick **CABOTO** der Piloto Mayor

DIE SCHLACHT

In der Befestigung Sancti Spiritus muß es einen ganz ruhigen Augenblick gegeben haben, in dem Mangoré feststellte, daß alle schliefen; einige Sekunden später gab er das Zeichen. Die Zeit einer tödlichen Schlacht erscheint normalerweise recht kurz, aber diese kann sehr viel länger als üblich gedauert haben. Es gab zwei deutliche Bewegungen: zum einen die Indios, die gerufen worden waren, und die sich nun den Mauern der Befestigung näherten und zum anderen der schnelle Angriff der Indios, die sich bereits in der Befestigung befanden. Die beiden Bewegungen vereinten sich zu einer und die eingeweihten Wachen verschwanden fast lautlos. Die Indios steckten als erstes die Munitionsbaracke in Brand. Damit verwandelte sich die Stille in ein Getöse. Die Spanier, die in ihren Quartieren schliefen, fielen aus ihren Träumen direkt in tödlichen Schrecken, was keine schlechte Art zu sterben ist, da man es fast nicht merkt. Einige liefen entsetzt aus ihren Hütten, andere starben in ihren Betten. Die Anzahl war sehr unterschiedlich.

Plötzlich erschien die Gestalt des Kapitäns Don Nuña de Lara; zweifellos war dies der Schatten, den Mangoré in seinen verliebten Träumen gesehen hatte. Don Nuño muß wohl einige Minuten vor seinen Offizieren aufgewacht sein. Der Schlaf eines Kapitäns ist in der Regel sehr leicht. Er stürzte mit Schwert und Rundschild in den Innenhof der Befestigung, wobei er Tod und Panik unter den Indios verbreitete. In ein riesiges gerechtigkeitsliebendes Schwert verwandelt, hätte Don Nuño beinahe viertausend Indios in die Flucht geschlagen, die plötzlich sehr eingeschüchtert waren von dem Angriff dieses verrückt gewordenen Spaniers. Wenn Kämpfe so etwas wie eine barbarische Schönheit haben können, ist dieser wohl ein gelungenes Beispiel.

Mangoré und Sipiro erfassten die Wirklichkeit sofort. Die Indios schleuderten eine Wolke von Speeren und Lanzen auf Don Nuño, der sich in eine rote Gestalt verwandelte, aber nicht fiel. Er tötete noch immer, und die Schlacht schien sich auszugleichen. Angestachelt vom Eifer oder dem Mut der Verzweiflung unternahm ein Offizier einen Versuch, der vielleicht hätte lebensrettend sein können. Mit Hellebarde, Panzerhemd und Sturmhaube stürmte er vor bis zum Tor der Befestigung; er kam allerdings nur bis zu dessen Schwelle, wo er von einer Pfeilwolke niedergestreckt wurde. Währenddessen attackierte der Leutnant Oviedo mit einigen gut ausgerüsteten Soldaten seiner Kompanie, die sich von der ersten Überraschung etwas erholt hatten, die Indios von vorn, die bereits die

Historischer Überblick CABOTO der Piloto Mayor

Munitionsbaracke eingenommen hatten. Der Kampf erwies sich als genauso lang wie ungerecht. Die Spanier wurden zerstückelt, ohne jedoch einen Schritt nach hinten zu weichen, und nahmen Dutzende von Indios mit in den Tod.

Das Herz der Schlacht hörte in dem Moment auf zu schlagen, als schon fast alle Spanier niedergestreckt waren. Nur Don Nuño kämpfte weiter, wahrscheinlich wirkte er auf die Indios schon übernatürlich. Nun trafen Mangoré und der Kapitän aufeinander. Mangoré höchstwahrscheinlich unversehrt, mit siegesgewissem Blick; Don Nuño de Lara durchlöchert, ausgeblutet und kraftlos. Niemand weiß, was für Blicke sie sich zuwarfen oder woher der Kapitän seine Kraft nahm. Drei Schwertstreiche. Der erste große Hieb ließ Mangoré das Bild von Lucía Miranda vergessen. Zwei weitere Hiebe, und er verschwand für immer in der Dunkelheit. Don Nuño kämpfte noch kurz weiter, aber seine große Aufgabe hatte er gewissermaßen erledigt. Eine Menge jubelnder Indios fiel schließlich über ihn her, und als Don Nuño regungslos liegenblieb, war die Schlacht zuende.

unten:
Das Mittelmeeer war lange Zeit Bindeglied zwischen den Kulturen aller angrenzenden Regionen. Hafenkarte von Bartolomeu Alives (1538).

DIE KRIEGSBEUTE

Wann hatte Siripo wohl bemerkt, daß sein Bruder Mangoré durch das schrecklichen Schwert des Kapitäns Don Nuño de Lara umgekommen war? Siripos Herz und sein Schicksal. Nachdem Don Nuño niedergestreckt worden war und sich die Indios von seinem Tod überzeugt hatten, begann der düstere Festschmaus, der Abschluß des Kampfes, die letzte Szene der Überbleibsel. Wir wissen nicht, ob sie sich bei Tagesanbruch ereignete. Nicht ein einziger spanischer Mann hatte überlebt. Nur fünf Frauen und drei oder vier Kinder, die ebenfalls auf dem Boden lagen und von den Indios in einer Ecke entdeckt wurden. Eine weitere entscheidende Szene. Auch Lucía

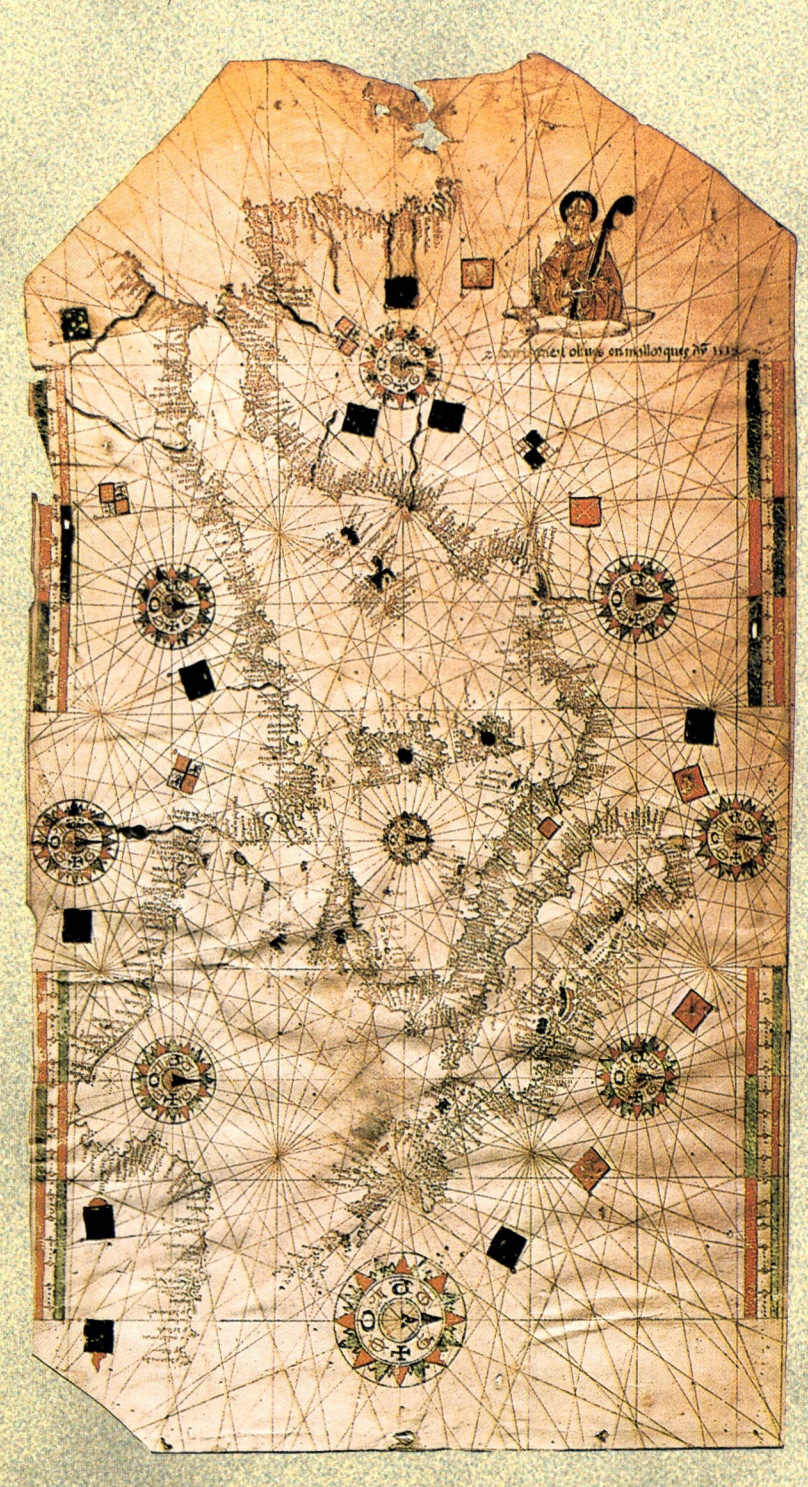

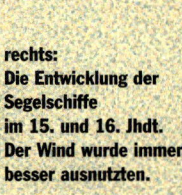

rechts:
Die Entwicklung der Segelschiffe im 15. und 16. Jhdt. Der Wind wurde immer besser ausnutzten.

Miranda war dabei, vermutlich bleich wie ein Gespenst. Suchten ihre Blicke den guten Indio Mangoré, der ihr so viele Geschenke gemacht hatte? Mangoré war tot. Die Indios trugen die Beute zusammen, um sie nach ihrem Brauch unter den Kaziken und den Kriegern aufzuteilen. Siripo erblickte Lucía Miranda. Seine Gedanken waren wohl sehr schwer und trostlos. Hier war die Frau und dort sein mächtiger Bruder. Eine riesige Schlacht aus Liebe. Wir wissen, daß Siripo, noch immer mit Schweiß und Blut von der Schlacht bedeckt, viele Tränen vergoß. Lucía Miranda, eine Spanierin, war das große Erbe seines Bruders. Hatte Siripo nicht auch die gleiche Leidenschaft geerbt? Hatte Siripo nicht neben dem Geruch des Todes einen merkwürdigen Stein in seinem Herzen, eine Verengung in seinem Hals gespürt, der vom Kriegsgeschrei noch ganz heiser war? Siripo wies seinen Anteil an der Kriegsbeute zurück. Die Flammen der Befestigung waren noch nicht ganz erloschen; überall lagen verstümmelte Körper. Die Indios brachen auf. Siripo nahm Lucía Miranda mit. Er sprach leise mit ihr und die Frau antwortete ihm mit von Tränen und Schmerz erstickter Stimme. Miranda war die einzige Beute, die Siripo aus den verbrannten Überresten des Lagers mitnahm. Danach würden die Raubvögel kommen. Siripo und Lucía Miranda.

rechts:
Karte des Rio de la Plata von Alonso de Santa Cruz, spanischer Kosmograph und Kollege Cabotos.
Aus »Islario General«. Nationalbibliothek Madrid.

unten:
Aus Jukkapflanzen gewannen die Indios Maniok-Mehl, der Rohstoff für Maniokwurzelbrot, ihr Grundnahrungsmittel.

DIE RÜCKKEHR VON SEBASTIÁN HURTADO

Siripo war also nun der Besitzer von Lucía Miranda. Obwohl sie von den Dienern des Kaziken gut behandelt wurde, weinte sie ständig. Der Schmerz der Spanierin muß so groß gewesen sein, daß Siripo Mitleid bekam. Wir wissen nicht, ob es das gefährliche Mitleid war, was die Liebe überdeckte. Er sagte: »Betrachte dich nicht als meine Sklavin, sondern als meine geliebte Frau.« In diesem Moment spürte Lucía Miranda das wahre Ausmaß ihrer Gefangenschaft. Siripo schenkte ihr sein Herz, aber das Herz des Indios war wie ein riesiger Felsbrocken, der Lucía erdrückte.

Einige Tage später tauchte ein Gespenst auf. Die Kundschafter der Indios brachten einen Gefangenen zu Siripo, der ein Geist zu sein schien. Es war Sebastián Hurtado. Die Liebesgeschichte war perfekt. Die Männer des Kapitäns Ruy García, die vierzig Männer, die in einer Brigg ausgelaufen waren, um Nahrungsmittel zu suchen, waren zum Hafen von Sancti Spiritus zurückgekehrt. Das muß ein glorreicher Augenblick gewesen sein, ein weiterer einzigartiger Moment: Der von Schmerz gebeugte Sebastián Hurtado suchte inmitten von Kadavern und Resten den Körper von Lucía Miranda. Seine Augen und seine Hände sortieren die Trümmer und den Abfall und durchstreifen

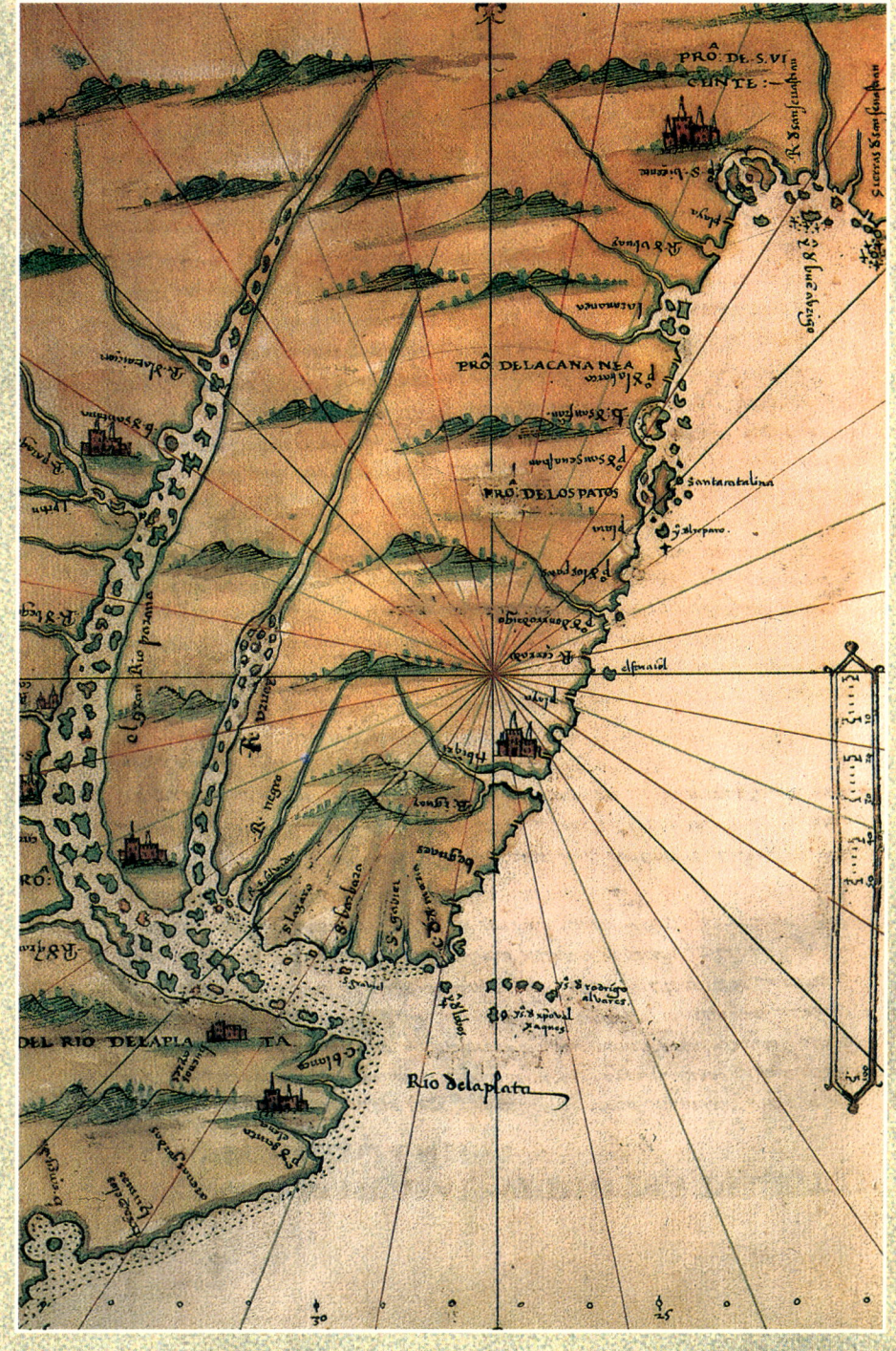

Historischer Überblick CABOTO der Piloto Mayor

den schon versteinerten Tod. Lucía war nicht dabei. Sebastián Hurtado traf seine Entscheidung sehr schnell. Heimlich verschwand er im Urwald. Es folgte eine kurze und verzweifelte Suche. Als die Indios über ihn herfielen und seine Hände fesselten, muß er eine ungeheure Erleichterung verspürt haben. Er konnte und wollte nicht kämpfen. Sebastián Hurtado vor Siripo.

Dieser französische Stich aus dem 18. Jhdt. zeigt Jukka sammelnde Indios in einer üppigen Umgebung.

DAS ENDE

Wie lange mag es gedauert haben, bis Siripo in diesem Gespenst, das er vor sich hatte, den Ehemann von Lucía Miranda erkannte? Dieser gefesselte und besiegte, halbverhungerte Mann war Lucías Stärke, um diesen Mann weinte sie und für ihn war sie stark. In diesem Moment schien sich das Unheil seines Bruders Mangoré auf Siripo zu übertragen. Er befahl, Sebastián Hurtado zu töten. Der Rest der Geschichte war unvermeidlich. Lucía Miranda flehte ihren Herrn an, ihren Mann zu verschonen und sie stattdessen erneut zu versklaven. Siripo war wohl schon bis ins Mark von Leidenschaft besessen und akzeptierte ihr Opfer, verlangte ihr aber noch ein grausameres ab. Lucía Miranda und Hurtado mußten getrennt voneinander leben. Sich zu lieben würde sie das Leben kosten. Siripo erleichterte ihr Drama abermals und gab Sebastián Hurtado eine andere Frau. So würde Hurtado nicht sein Sklave sein, sondern sein Untergebener und Freund. Der Tod Hurtados schien abgewendet. Siripo war ein Schöpfer von Höllenqualen. Sebastián und Lucía trafen sich in aller Heimlichkeit. Das Leben ging weiter. Welches Leben? Ihre Freuden währten wohl nur kurze Zeit. Immer war jemand da, der die Liebenden aufmerksam beobachtete. Eine sehr leichte Aufgabe. Bald schon erschien eine eifersüchtige Indio-Frau, die wegen Lucía von Siripo verstoßen worden war. Sie war beauftragt worden, aus

Historischer Überblick **CABOTO** der Piloto Mayor

verbitterter Liebe heraus die Rolle der tödlichen Vertrauten zu spielen. Siripo nahm den Schlag hin, aber er beschloß zu warten. Er wollte es mit eigenen Augen sehen. Halten wir noch einmal fest: nichts ist einfacher, als zwei Liebende auf frischer Tat zu ertappen. Siripo dürften sich kein Hinderniss in den Weg gestellt haben. Die allerletzte, trügerische Zeremonie. Lucía akzeptierte ihr Urteil resignierend und sicherlich mit geheimer Erleichterung. Sie wurde auf dem Scheiterhaufen verbrannt und starb betend, verzeihend und vor allem liebend. Hurtado wurde sofort danach hingerichtet. An einen Baum gefesselt, von jugendlichen Indios mit Pfeilen beschossen und. Dies geschah im Jahre 1528.

SEBASTIANO CABOTO IN SEVILLA

Im Juli 1530 kehrte Sebastiano Caboto nach Sevilla zurück. Hinter sich ließ er eine Geschichte, die ihm wie ein Schatten voller Gerüchte vorauseilte. Seine Ankunft in Sevilla war ein sehr heikler Augenblick. Caboto fand sich in eine vielschichtige Verschwörung verstrickt: Ihm schlug einerseits der alte Groll seiner immerwährenden Gegner entgegen, andererseits der gerade aufflammende Haß der Verwandten derjenigen, die er auf Santa Catalina zurückgelassen hatte. Die durch das Scheitern der Unternehmung finanziell geschädigten Kaufleute zogen die Fäden und strengten einen Prozeß gegen ihn an. Dieser muß ein aufsehenerregendes und bitteres Ereignis gewesen sein. Aber Caboto blieb weiterhin im Amt; das gnädige Urteil lautete auf Strafe wegen Autoritätsmißbrauchs. Das Jahr im Exil in Oran wurde ihm von Karl I. erlassen.

1530 war es elf Jahre her, daß Hernán Cortés vom Yucatan her in Mexiko an Land gegangen war. Zwei Jahre zuvor hatte Panfilo de Narváez Florida erreicht. Cabeza de Vaca erkundete den Süden der heutigen Vereinigten Staaten von Amerika. Francisco Delicado hatte bereits »La lozana andaluza« veröffentlicht. In Sevilla wurden die »Colloquien« von Erasmus übersetzt. Papst Klemens VII. krönte Karl I. in Bologna. Baltasar del Alcázar und Juan de Herrera wurden geboren. In einem Jahr würde Federmann die Ebenen des Orinoko entdecken. Das Vizekönigreich von Mexiko oder Neuspanien existierte bereits. In Sevilla behauptete Caboto seinen Posten als Piloto Mayor. Sevilla muß die geeignete Stadt für Intrigen in seinem intensiven Leben gewesen sein. Mit Fortschrittsglauben und starkem Willen stellte er sich den Steuermännern und Kosmographen des königlichen Handelshauses *(Casa de la Contratación)* entgegen. Unter dem Anschein einer technischen Diskussion verbargen sich sehr persönliche und vor allem wirtschaftliche Fragen. Die Polemik schien sich auf die Instrumente und Karten von Diego und Sanchez Gutiérrez zu konzentrieren. Die Kosmographen verteidigten das damals gültige königliche Modell von Fernando Kolumbus. Caboto versuchte zu vermitteln und eröffnete den Steuermännern seine Kenntnisse über die magnetische Deklination. Eine Genialität zur Unzeit. Es ist wahrscheinlich, daß all dies Caboto erschöpfte. 1548 erhielt Sebastiano Caboto eine Lizenz für ein halbes Jahr. Er kehrte nach England zurück, zweifellos angezogen von Verhandlungen, in die Dienste der englischen Krone zu treten. In Spanien wurde er zurückerwartet, aber er würde niemals wiederkommen. Die vier Jahre des Wartens künden von dem Ansehen Cabotos; vier Jahre blieb der Posten des Piloto Mayor unbesetzt. In Sevilla spitzte sich die Lage immer mehr zu. Schließlich wurde der Posten dem Widersacher Cabotos, Alonso de Chávez, zugeteilt. In England setzte sich Caboto keineswegs zur Ruhe. Edward VI. ernannte ihn zum Piloto Mayor mit allen Machtbefugnissen. Caboto organisierte und plante die Fahrt von Sir Hugh Willoughby, die zu den ersten kommerziellen Verbindungen mit Russland führte. So beendete Caboto sein Leben. Das Leben und die Erfahrungen Sebastiano Cabotos schließlich zusammenzufassen wäre so, als wollte man unangebrachterweise all die verschiedenen Variationen der vorliegenden Geschichte aufzählen. Der Leser wird schon verstanden haben, daß unsere Sicht Cabotos nicht vorgibt, wissenschaftlich zu sein. Daß Caboto, neben einem herausragenden Wissenschaftler seiner Zeit, ein erfinderischer Mann war, wird wohl ziemlich deutlich: Vielleicht auch ein Phantast oder vielmehr ein Mann, der immer von sehr intelligenten und selbstverständlich hochgradig neidischen Gegnern bedrängt wurde. Eine hohe Persönlichkeit, genannt der »Gentleman von Mantovano«, entdeckt in Sebastiano Caboto – er ist eins von vielen Beispielen – einen Experten der Schifffahrt und unbedeutender Entdeckungen. Caboto, ein Geschichtenerzähler, ein Träumer? Dies stellt jedoch keine schwere Sünde dar, wie viele vermuten, ganz im Gegenteil. Jeder kennt das Paradoxon des Protagonisten von Jorge Luis Borges, der eine lebensgroße Weltkarte entwerfen wollte und schließlich darüber verrückt wird.

In jede dieser Entdeckungsfahrten wurde viel Geld investiert und Sebastiano Caboto kannte sich mit Intrigen und Schwindeleien aus. Jeder, vom einfachen Zimmermann bis hin zum königlichen Beamten – derjenige, der die Protokolle über die im Namen seiner Majestät entdeckten Länder führte – konnte ein Gegner, Vertrauter oder Verräter sein. Wie wir bereits erwähnt haben, wußte Caboto, wie er überleben konnte. Spanien und England stritten fast 40 Jahre lang um Sebastiano Caboto wegen seiner nautischen Sachkenntnis und seiner herausragenden kosmographischen Kompetenz.

Sebastiano Caboto starb vermutlich im Dezember 1557 in London. Niemand weiß, wo er beerdigt wurde. Die Dunkelheit senkt sich auf den Schatten herab und umhüllt ihn von neuem.

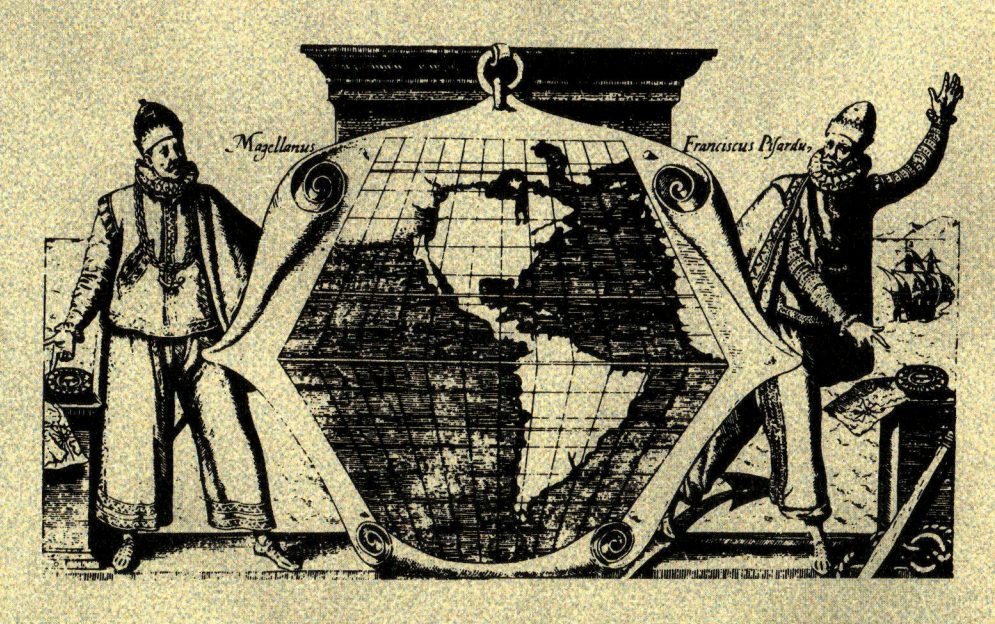

Historischer Überblick CABOTO der Piloto Mayor

1476	Sebastiano Caboto wird in Venedig geboren. Übersiedlung nach England mit seinem Vater Giovanni Caboto und seinen Brüdern Luis und Santo.
1485	Kolumbus kommt nach Spanien. Bartolomé Díaz umfährt das Kap der guten Hoffnung. Kolumbus trifft zum ersten Mal mit den katholischen Königen zusammen.
1490	Die Verträge von Santa Fe werden geschlossen.
1492	Kolumbus entdeckt Guanahaní, Kuba und Santo Domingo.
1493	Kolumbus unternimmt seine zweite Entdeckungsfahrt. Papst Alexander VI. veröffentlicht die Bulle »Inter Caetera«.
1496	Giovanni Caboto in Bristol.
1497	Expedition des Schiffes »Matthew« unter dem Befehl von Giovanni Caboto. Begleitet Sebastiano seinen Vater? Giovanni Caboto entdeckt Labrador. Vasco da Gama.
1498	Weitere Expedition von Giovanni Caboto mit sechs Schiffen. Sebastiano Caboto begleitet seinen Vater. Giovanni Caboto stirbt. Kolumbus unternimmt seine dritte Entdeckungsfahrt.
1499	Die Brüder Pinzón erkunden die Küste der Guayanas und Brasiliens.
1500	Geburt des späteren Königs Karl I. von Spanien.
1503	In Sevilla wird das königliche Handelshaus (Casa de la Contratación) gegründet.
1504	Isabella, die Katholische stirbt. Kolumbus kehrt von seiner letzten Entdeckungsreise zurück.
1512	Sebastiano Caboto dient unter Ferdinand, dem Katholischen. Sevilla.
1516	Díaz de Solís erreicht den Río de la Plata. Karl I. wird König von Spanien. Ferdinand, der Katholische stirbt.
1518	Sebastiano Caboto wird zum Piloto Mayor von Kastilien ernannt. Mögliche Entdeckungsfahrt: Hudsonstraße.
1520	Durchquerung der Magellanstraße bei der ersten Weltumseglung durch Elcano (1522). Sebastiano Caboto ist mitverantwortlich für die Organisation der Reise.
1526	3. April: Sebastiano Caboto landet auf der Insel San Gabriel. An einem Ort namens Carcarañal errichtet er die Befestigung Sancti Spiritus, die erste spanische Siedlung an den Ufern des Río de la Plata.
1528	In der Abwesenheit Sebastiano Cabotos findet das tragische Ereignis in Sancti Spiritus statt. Hinterhalt der Brüder Mangoré und Siripo. Lucía Miranda und ihr Ehemann Sebastián Hurtado werden getötet.
1529	Sebastiano Caboto beschließt zurückzukehren, da er keine Hilfe von den Spaniern erhalten hatte.
1530	Juli: Sebastiano Caboto steht vor Gericht. Er behält weiterhin den Titel des Piloto Mayor.
1545	Auseinandersetzung mit den Steuermännern und Kosmographen im königlichen Handelshaus (Casa de la Contratación) in Sevilla.
1548	Karl I. erteilt Caboto eine Lizenz für ein halbes Jahr. Caboto steht in England im Dienst der Krone. Nach vier Jahren wird Alonso de Chavéz, Cabotos Widersacher, zum Piloto Mayor von Spanien ernannt.
1551	Sebastiano Caboto wird von Edward VI. zum Gouverneur auf Lebenszeit ernannt. Als Piloto Mayor organisiert er die Entdeckungsfahrt von Sir Hugh Willougby.
1557	Sebastiano Caboto stirbt in London.